本书系国家社科基金项目（17CJL042）的研究成果

# 新型城镇化对经济效率的提升作用研究

周 慧 著

中国财经出版传媒集团
中国财政经济出版社

**图书在版编目（CIP）数据**

新型城镇化对经济效率的提升作用研究 / 周慧著
. -- 北京：中国财政经济出版社，2021.10
ISBN 978-7-5223-0734-3

Ⅰ.①新… Ⅱ.①周… Ⅲ.①城市化-作用-中国经济-经济发展-研究 Ⅳ.①F299.21 ②F124

中国版本图书馆 CIP 数据核字（2021）第 169292 号

责任编辑：彭　波　　　　责任校对：张　凡
责任印制：史大鹏　　　　封面设计：卜建辰

中国财政经济出版社 出版
URL：http：//www.cfeph.cn
E-mail：cfeph@cfeph.cn

社址：北京市海淀区阜成路甲 28 号　邮政编码：100142
营销中心电话：010-88191522
天猫网店：中国财政经济出版社旗舰店
网址：https：//zgczjjcbs.tmall.com
北京财经印刷厂印刷　各地新华书店经销
成品尺寸：170mm×240mm　16 开　12.25 印张　200 000 字
2021 年 10 月第 1 版　2021 年 10 月北京第 1 次印刷
定价：68.00 元
ISBN 978-7-5223-0734-3
（图书出现印装问题，本社负责调换，电话：010-88190548）
本社质量投诉电话：010-88190744
**打击盗版举报热线：010-88191661　QQ：2242791300**

# 前　言

改革开放以来，我国经历了人类历史上最为波澜壮阔的城镇化进程，规模之大、速度之快前所未有，截至2019年底，我国地级市293个，1313个县城，20988个建制镇，常住人口城镇化率达到60.6%。城镇化是贯穿改革开放经济社会变迁最为重要的关键词之一。新型城镇化是新的历史时期和发展阶段国家做出的战略部署，它是对传统城镇化模式的必要修正和合理优化。新型城镇化是现代化建设的重要内容，是我国转变经济发展方式、扩大内需的重要抓手，也是经济高质量发展的突破口。新的历史时期和发展阶段，明确新型城镇化发展的战略地位，妥善处理城镇化过程中出现的各种难题，努力提高城镇化发展的质量，以新型城镇化促进经济社会高质量发展，是我国当前面临的重要课题。本书以“新型城镇化促进地区经济效率改善”为科学命题，沿着“基本理论与文献梳理→发展回顾与现状分析→新型城镇化与经济效率水平测度及空间格局分析→新型城镇化对经济效率提升的空间效应→新型城镇化促进经济效率提升的实践路径→新型城镇化提升经济效率的对策建议”的基本路径展开系统分析。

与已有城镇化相关文献研究不同，本书从以人为核心的新型城镇化科学内涵出发，深入探析新型城镇化提升经济效率的理论逻辑与现实逻辑，通过计量分析，实证检验新型城镇化提升经济效率的时间效应与空间效应，探索新型城镇化提升经济效率的实践路径，并提出对策建议。其具体内容包括：（1）本书系统梳理我国当前转变发展方式，提高经济效率的必要性，在新型城镇化这一语境下，引入新型城镇化提升经济效率的理论逻辑和现实逻辑，从而提出“新型城镇化提升经济效率”这一科学命题。（2）本书尝试构建一个包含城镇化变量的柯布—道格拉斯生产函数模型和理论分析框架，系统分析城镇化对经济效率的作用效果和影响机制，为后面的实证分析奠定理论基础。（3）全面梳理新中国成立70年城镇化发展历程，系统梳理城镇化发展取得的成就，反思传统城镇化模式存在的问题，展望城镇化发展的基本趋势及主要特征。研究认为：中国城镇化发展经历了起步期、加速发展期和基本成熟期三个主要阶段；城镇化在激发经济增长动能、推动经济不断增强、促进国民收入持续提高等方面发挥了重要作用，但也导致城市高房价泡沫、居民幸福感降低、城乡差距拉大、生态环境恶化等一系列问题，同时，伴随居民自由流动而出现的独有的农民工现象，以及产业创新对高质量城镇化发展支撑力不足也需要引起足够重视。中国城镇化发展呈现出以下特征：城市综合承载能力不断提升，实现由“单个城市—城市圈—城市群—城市带”到“城市域”的转变；海绵城市、卫星城市、智慧城市、特色小镇等新型城市类型不断涌现；城乡一体化政策指导城乡一体化实践，城乡深度融合发展；城市治理体系和治理能力日趋完善，制度创新激发城乡要素自由流动，农村与城市开始融为一体。（4）通过空间计量分析，检验样本的空间异质性，并构建静态与动态空间面板模型，基于中国274个城市面板数据，构建包含人口、产业、生态环境、公共服务、城乡融合等层面内容的新型城镇化综合指标评价体系，测度全国各地级城市城镇化综合发展指数。此外，采用DEA－Malmquist指数方法对全国各地级城市的全要素生产率（TFP）进行测度，并对274个城市经济效率的动态演进及空间分布特征进行分析。（5）实证检验新型城镇化发展对经济效率的空间溢出效应。中国地级城市间新型城镇化发展与经济效率变动存在显著的空间依赖性，地区间新型城镇化发展在空间上存在显著的相关性，城市间经济效率提升存在“示范效应”，空间上不断渗透。从全国层面看，新型城镇化对城市全要素生产率的提高具有显著影响，从区域层面看，东、中、西部地区存在明显的差异化，即东部地区城镇化对经济效率提升的作用由促进转变为抑制，中西部地区新型城镇化对经济效率提升起到明显的促进作用。此外，研究结果表明，地理因素对经济发展的影响正不断弱化，经济因素在空间关联中的作用越来越突出。（6）从经济融合、人口融合、社会融合、生态融合、空间融合五个维度构建城乡融合发展指标体系，对城乡融合水平进行测度，通过构建空间计量模型，实证检验城镇化对城乡融合的推动作用，结果表明：时间维度，样本期内城镇化的发展在一定程度上抑制城乡融合的发展，但随着转型发展城镇化表现出推动城乡融合的发展的趋势；空间维度，东部地区城镇化发展对城乡融合影响由负向效应转向正向效应，中部与西部地区城镇化对城乡融合的影响均为负向影响效应，揭示了我国城乡融合发展尚处于初期阶段，融合水平存在空间地域上的差异。(7) 新的历史时期，以新型城镇化为抓手，对经济社会发展开展系统性改革，有助于推动经济社会的纵深发展，为改革注入新的动力和抓手，因此满足新形势下城镇化发展新要求、新目标的制度供给，是为实现城镇化以及经济高质量发展做出的实践努力。本书在分析新型城镇化战略的提升经济效率的逻辑起点以及嵌入经济转型发展战略的机制基础上，提出新型城镇化提升经济效率的实践路径，包括：推进关键环节和重点领域改革、加强城市现代化治理，提升城市综合承载力、突破制度“瓶颈”、实现社会整体利益的最大化、提升城市物质载体空间与心理认知空间、大力实施乡村振兴特色小镇战略、自内而外本土化渐进式发展、提升城市群和中心城市综合承载能力、激发城市自治、以促进农民工市民化为重点，回归人的城镇化的本质、促进工业化、信息化、城镇化、农业现代化协调互动发展、促进城乡要素流动，推动城乡融合发展。(8) 系统梳理了我国新型城镇化试点政策及成效，并就安徽和江苏两省新型城镇化发展进行案例分析，提出新型城镇化推动经济效率提升的对策建议，最后对未来研究进行了展望。

# 目　　录

# 第一章 绪 论

## 第一节 新型城镇化道路的战略选择

改革开放以来，我国经历了人类发展史上规模最大、速度最快的城镇化进程，城市经济快速扩张，取得了举世瞩目的成就，城镇化对经济社会发展的战略意义得到了空前的重视。城镇化过程中出现的“城市病”问题较为突出，做好城镇化发展规划，从而做到战略引领和刚性控制，理性认识城镇化发展规律，客观总结城镇化发展问题，实现新型城镇化促进经济发展、城乡公平、生态文明治理枢纽的作用。

### 一、新型城镇化道路的战略地位

城市是经济、社会活动的主要空间载体，当前，我国仍处于城镇化快速发展阶段，城镇化、城市带、经济圈作为区域经济发展增长极的作用不断凸显。但快速发展带来的环境污染、交通拥堵、公共设施不足、资源短缺、突发自然灾害频现等“城市病”，已日益成为制约我国经济社会高质量发展的一大阻碍。随着城镇化发展对人口、资源、交通、环境的需求持续增强，导致我国城市经济规模与城市基础设施、资源环境、公共服务的综合承载能力不匹配。城镇化在成为经济发展最重要的引擎之一的同时，其人本精神内核以及民生福祉愿望被提升到前所未有的高度。城镇化广泛涉及的经济、社会、文化、行政、生态等领域建设的多重任务，是人口、经济、交通、资源、环境等内容变迁的多维现象，有着独特的利益形态、转型领域以及风险分布，嵌入在国家现代化进程的各个方面。新型城镇化需要回应中国现代化进程中经济社会空间特征、综合承载能力、治理体系构建等难题。城镇化率超过50%，意味着社会已经由“农村社会”转变为“城市社会”，这一转变意味着市场化带来的“统一”与传统秩序解体带来的“分散”将持续耦合，与此同时，经济社会结构转型的“阵痛”中，经济主体间利益冲突以及区域间发展差距带来的矛盾和风险越来越突出。新型城镇化的重要任务在于，通过城乡融合和区域协调发展实现公平与效率以及利益格局的重塑，通过要素市场化配置，实现要素报酬的均等化以及要素使用的高效化。

新型城镇化战略有着深刻的经济社会基础，时间、空间和内在结构上的特殊性、多样性和实现过程的复杂性，反映不同时期转型过程中经济社会发展以及国家治理的时代需求。从空间来说，中国地域辽阔、文化模式、经济发展水平、地方政府治理能力等内容具有显著异质性；从时间来说，新中国成立70年，尤其是改革开放40多年，经济的腾飞带来社会变革日新月异；从结构上来说，当前城乡结构、工农经济、产业布局等处于相互渗透融合的关键时期；从制度层面来说，当前制度创新需求迫切。新型城镇化是扩大内需，转变经济发展方式最重要的抓手，也是国家治理经济社会最重要的实践载体。经过改革开放40多年的发展，中国特色社会主义发展实践处于深层次、多元化和整体性转型发展的关键时期。要明确新型城镇化的系统性改革对推动经济社会发展的基础作用，城镇化是涵盖改革领域最多的经济变量之一。因此，深入探讨新型城镇化战略如何促进经济社会结构转型发展具有重要的理论价值和现实意义。

## 二、新型城镇化道路的战略意义

从方法论的角度来看，所有有关经济发展的理论都具有典型的时代特征和历史发展的局限性。一方面，我国城镇化发展的历程证明，西方城市化理论并不完全适合中国，我们对西方城市化理论和城市发展道路的总结与反思远远不够；另一方面，传统的城镇化理论在其自身发展过程中必须不断提出反思与批判。这种理论反思是习近平新时代中国特色社会主义思想方法论的重要内容。就其实质而言，是从中国实际出发，对辩证唯物主义和历史唯物主义世界观和方法论的创新性发展。新型城镇化战略具有协同性、根本性、全局性和长期性的特征，面对社会结构和社会观念变化带来的冲击，出现干部频繁调动带来的政绩短视，行政区划桎梏和联动发展制度缺失带来的溢出成本增加，资源环境趋紧与经济高质量发展要求之间的矛盾，以及国外日益复杂的经济政治环境带来的不确定性等情况。新型城镇化以实现全面深化改革为根本目标，注重顶层设计和整体布局，协同推动各领域系统性、整体性改革。因此，新的历史时期，探析新型城镇化的历史属性与理论逻辑具有重要的战略意义。

从现实层面看，经济的高质量发展需要产业、空间、要素等载体予以回应和保障。转型社会的经济效率提升对应于现代产业、空间和要素等组织形式以及城乡制度体系的重塑，其要义在于构建国家长期稳定和民生保障的体制机制。新中国成立初期，根据经济社会发展的现实需要，党和国家制定了工业和城市优先发展战略，在极大地促进工业和城市经济发展的同时，带来了经济社会发展的显著非均衡性。如何在新的形势下，形成公共产品和服务的均衡供给，形成国家与社会、政府与公民之间的效能化与民主化互动新机制，是任重道远的过程。新型城镇化是一系列公共政策集合，顶层设计与政策执行层级性和多元化科学治理模式，是权力系统的理念和权利社会的实践相匹配、降低发展成本和发展不确定性最重要的实践抓手。新型城镇化要走出回应“传统模式危机”下的总体性控制而迈向技术化治理，在新的发展道路下重塑价值体系，提高经济效率与政策安排之间的匹配度。在政府与市场关系的不断调整中得到检验，以动态发展的历史观和方法论，遵循事务发展的客观规律和变化的现实需要，充分发挥市场的决定性作用和政府的引导作用。

## 第二节 高质量发展的现实要求

### 一、经济高质量发展的内涵

新经济增长理论强调创新和技术进步是经济持续增长的源泉，此外，随着人类文明的发展，经济的高质量发展也将社会公平、环境治理、制度设计等内容纳入进来。高质量发展的根本目标在于满足人们对美好生活的向往。其中，经济效率的提升从经济学的范畴为实现高质量发展提供了方法和手段。实际上，从发达国家经验来看，经济发展呈现出一定的阶段性特征，量变与质变显然很难做到同步，商品和服务质量受到劳动力、技术等要素质量的约束，要素数量投入驱动向创新和技术驱动必然经历一定过程，这其中既有经济发展客观规律的作用，也体现出政府在制度安排上的效果。要素质量和使用效率的提高为提升宏观经济效率奠定了基础。高质量发展从广义上理解，内涵较为丰富，经济持续增长有动力，区域发展、城乡发展相对均衡，科技创新、金融服务等生产性服务业发展协同推进，现代产业体系不断健全，环境优美、食品安全得到保障，社会治理有序。具体来看，有以下几点。

#### （一）由以物为本向以人为核心的发展目标转变

新中国成立70年的发展使我国经济总量发生了翻天覆地的变化，从物质极度匮乏，到世界第二大经济体，这是人类发展史的奇迹，我国人口基数大，发展基础差，一段时期内实行以经济增长为目标的发展模式，在改革开放的不断摸索和全国人民的共同努力下，实现了经济的腾飞。依靠人口红利把我国打造成为世界工厂，依靠投资驱动创造了大量的就业岗位。需要注意的是，政府主导的投资和购买行为，往往具有“挤出”效应，挤出私人投资的同时，往往会导致人均收入的增长速度低于 GDP 的增长速度（见图 1－1）。此外，收入分配制度改革相对滞后，可能带来收入分配的合理性和公平性问题。一方面引发社会矛盾；另一方面收入差距的拉大可能对整体消费需求形成约束，不利于人们生活水平的改善。党的十八大进一步指出：“发展成果由人民共享，必须深化收入分配制度改革，努力实现居民收入增长和经济发展同步、劳动报酬增长和劳动生产率提高同步，提高居民收入在国民收入分配中的比重，提高劳动报酬在初次分配中的比重”（胡锦涛，2012）。

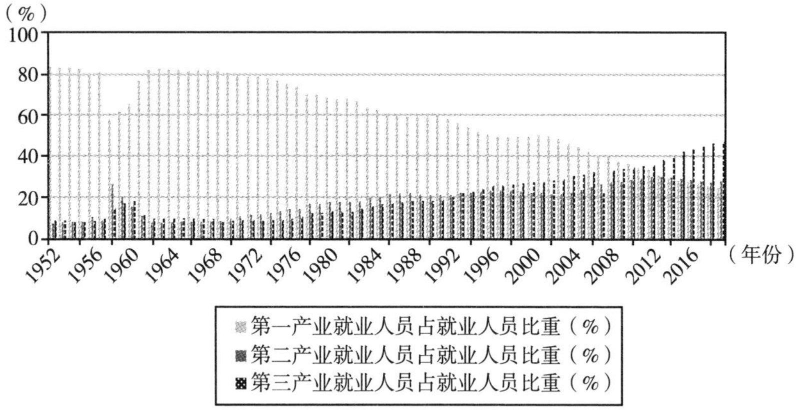


**图 1－1　三次产业就业人员占比**

资料来源：中经网数据库。

### （二）加强自主研发，提高产业核心竞争力

由于我国经济基础薄弱，科学技术水平相对落后，改革开放之初，我国一直是技术模仿和技术引进的发展方式，然而，面临日益复杂的国际政治经济环境，发达国家进行技术封锁，面临激烈的国际竞争环境，近年来出现的贸易争端和摩擦越演越烈，倒逼我国必须加强

自主研发。提高产业附加值，走创新驱动的道路。当前，5G 技术、云计算、人工智能、生物医药被认为是引领第四次科技革命的前沿领域，能否在这些领域实现领先发展，对未来一段时期整个国际经济秩序产生巨大影响（见图 1－2）。

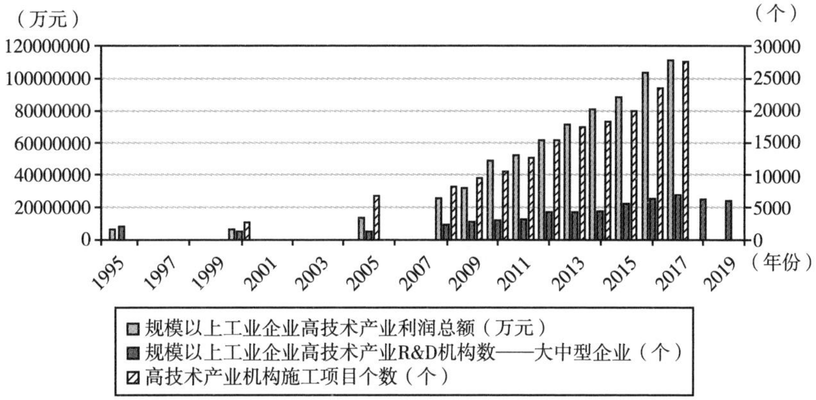


**图 1－2 规模以上工业企业高技术产业发展情况**

资料来源：中经网数据库。

### （三）要素驱动向创新驱动转变

由于国内资源环境趋紧，传统靠要素驱动的模式已经无法持续，过去我国依靠劳动力资源丰富，在国际竞争中具有比较优势，大力发展劳动密集型产业，出口拉动经济增长占比较高，积累了大量的外汇储备，但目前随着劳动力成本的不断提高，环境压力加大，资源消耗严重，要素驱动发展模式必须转变，利用自然资源和劳动力参与国际竞争的模式发展效应不断减弱（洪银兴，2010）。而且大量的美元储备，显然也不是一个理性选择，未来创新驱动才能带动我国在全球产业链的高端化。需要指出的是，传统优势不断下降，而要素驱动向创新驱动的制度准备和技术准备具备一定积累，为转变的实现提供了现实基础（见图 1－3）。

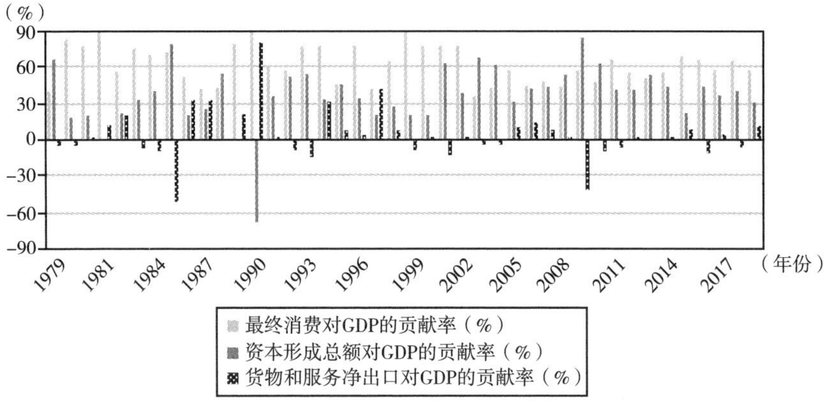


**图 1－3　消费、资本形成总额等对 GDP 的贡献率**

资料来源：中经网数据库。

## 二、经济发展存在的主要问题

经济效率提升对于新的发展阶段，应对国内外经济形势，解决结构性问题和环境资源矛盾都十分必要。资源环境趋紧、要素使用效率低下造成发展的不可持续。规模速度型增长迫切需要向结构效率型转变。从可持续发展的层面来看，城镇化过程中城市的快速发展带来严重的环境破坏，全国各地的雾霾现象非常普遍，大气污染和水污染造成生态环境失衡。

### （一）结构性矛盾较突出

1. 城乡发展失衡。

城乡发展差距较大，从整体上看，城乡居民可支配收入普遍在提高，但城乡差距的绝对水平在扩大。此外，考虑到城乡教育、医疗服务、科技文化等资源的差距，我们不难理解城市发展为什么显著快于农村，而这种差距在相当长的时期追赶起来也是不易的。一方面，由于农业生产本身的特征所决定，农业活动往往过于分散、农产品生产周期较长、附加值低，受到自然条件和灾害的影响较大；另一方面，政府常常对优先发展城市有着天然的偏好，因此，在政策制定时税收、财政、资源往往是“城市偏向”，在多重因素的相互叠加作用下，城乡差距增大。纵观各国发展的历史，城乡发展差距具有普遍性，然而，在缓解差距时所采用的手段有所不同，产生的效果也不一样。针对当前我国的城乡差距问题，国家已经提出了乡村振兴、特色小镇等战略，各地也纷纷做出响应（见表1－1和图1－4）。

**表1－1　　城乡人均可支配收入水平及增长指数**

| 年份 | 城镇居民人均可支配收入实际增长指数（1978年＝100） | 农村居民人均可支配收入实际增长指数（1978年＝100） | 城镇居民人均可支配收入 | 农村居民人均可支配收入 |
|---|---|---|---|---|
| 1996 | 301.56 | 418.1 | 4838.9 | 1926.1 |
| 1997 | 311.85 | 437.3 | 5160.3 | 2090.1 |
| 1998 | 329.94 | 458.1 | 5425.05 | 2171.2 |
| 1999 | 360.62 | 477.5 | 5854.02 | 2229.1 |
| 2000 | 382.28 | 489.56 | 6255.66 | 2282.12 |
| 2001 | 414.11 | 512.33 | 6823.97 | 2406.92 |
| 2002 | 469.07 | 539.23 | 7652.36 | 2528.88 |
| 2003 | 510.64 | 564.88 | 8405.5 | 2690.34 |
| 2004 | 548.98 | 606.08 | 9334.84 | 3026.57 |
| 2005 | 600.87 | 646.59 | 10382.34 | 3370.21 |
| 2006 | 662.46 | 697.62 | 11619.68 | 3730.96 |
| 2007 | 742.23 | 767.7 | 13602.54 | 4326.98 |
| 2008 | 803.46 | 833.05 | 15549.38 | 4998.79 |
| 2009 | 881.03 | 908.28 | 16900.52 | 5435.13 |
| 2010 | 948.47 | 1012.07 | 18779.07 | 6272.44 |
| 2011 | 1028.15 | 1127.44 | 21426.92 | 7393.92 |
| 2012 | 1126.85 | 1248.08 | 24126.71 | 8389.28 |

续表

| 年份 | 城镇居民人均可支配收入实际增长指数（1978年=100） | 农村居民人均可支配收入实际增长指数（1978年=100） | 城镇居民人均可支配收入 | 农村居民人均可支配收入 |
|---|---|---|---|---|
| 2013 | 1205.4 | 1364.51 | 26467 | 9429.59 |
| 2014 | 1287.14 | 1490.55 | 28843.85 | 10488.88 |
| 2015 | 1371.46 | 1602.34 | 31194.83 | 11421.71 |
| 2016 | 1448.03 | 1702.11 | 33616.25 | 12363.41 |
| 2017 | 1541.57 | 1825.55 | 36396.19 | 13432.43 |
| 2018 | 1627.63 | 1945.35 | 39250.84 | 14617.03 |
| 2019 | 1708.38 | 2065.99 | 42358.8 | 16020.67 |

资料来源：中经网统计数据库。

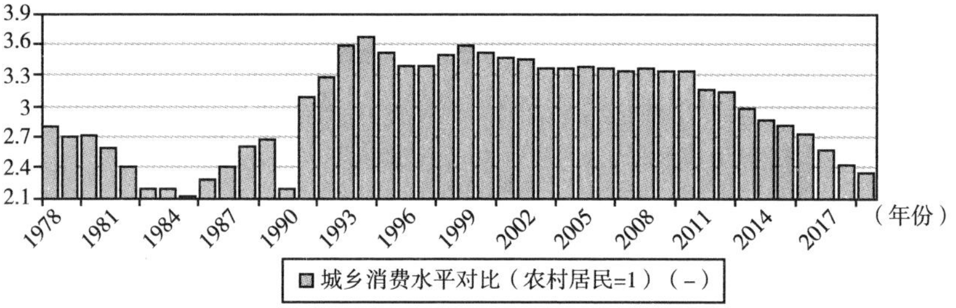


**图1－4　城乡消费水平对比**

资料来源：中经网数据库。

2. 区域发展水平差距较大。

我国东、中、西部地区发展差距较大，一些学者也提出我国区域差距向着南北差距转变。毋庸置疑，区域间经济发展水平差距较大。改革开放后，沿海地区迎来了承接发达国家产业转移的良机，带动了沿海地区经济快速发展，劳动力、资金等要素在全国范围内向沿海地区大规模转移。而中西部地区限于自然环境和区位条件，发展相对滞后。2011年我国城镇化率首次超过50%，我国社会由农村社会转变为城市社会，以城市群为主要经济和空间载体的新的发展模式拉开序幕。正如我们所知，以长三角、珠三角、京津冀为代表的城市群经济仍隶属于原有的空间范畴，而这种以极化效应为突出特征的空间经济体，在一定程度上又加剧了区域间差距，近年来，国家通过统筹安排东、中、西部地区城市群分布，为缩小这种差距不断努力。

3. 需求结构有待改善。

2011 年，日本、美国内需占总社会总需求的比重分别为 93%、88%，而同年中国该比重仅达 78%。2013 年中国居民消费率达 37.3%，但是内需拉动经济发展的能力与发达经济体间仍相差较大，严重制约了经济社会持续发展能力的提升。因此，一方面，应调节国内需求，把扩大内需作为驱动经济增长的内生动力；另一方面，应合理开发外部市场。

4. 产业结构有待优化。

从产业发展现状来看，我国的产业竞争力相比发达国家仍显不足，国际竞争力仍较弱，产业结构整体偏低。其中，农业基础仍较为薄弱，服务业发展相对滞后，2019 年我国三次产业结构为 7.1 : 39 : 53.9，对 GDP 的贡献率分别为 3.8%、36.8%、59.4%，对国内生产总值增长的拉动（国内生产总值增长共 6.1%）分别为 0.2%、2.2%、3.6%，中美两国服务业增加值差距较大（见表 1-2、表 1-3 和图 1-5）。

**表 1-2　　　　三次产业增加值占比**

| 年份 | 第一产业增加值占 GDP 比重（%） | 第二产业增加值占 GDP 比重（%） | 第三产业增加值占 GDP 比重（%） |
|---|---|---|---|
| 1996 | 19.33 | 47.1 | 33.57 |
| 1997 | 17.9 | 47.1 | 35.01 |
| 1998 | 17.16 | 45.8 | 37.04 |
| 1999 | 16.06 | 45.36 | 38.58 |
| 2000 | 14.68 | 45.54 | 39.79 |
| 2001 | 13.98 | 44.79 | 41.22 |
| 2002 | 13.3 | 44.45 | 42.25 |

续表

| 年份 | 第一产业增加值占 GDP 比重（%） | 第二产业增加值占 GDP 比重（%） | 第三产业增加值占 GDP 比重（%） |
|---|---|---|---|
| 2003 | 12.35 | 45.62 | 42.03 |
| 2004 | 12.92 | 45.9 | 41.18 |
| 2005 | 11.64 | 47.02 | 41.34 |
| 2006 | 10.63 | 47.56 | 41.82 |
| 2007 | 10.25 | 46.88 | 42.87 |
| 2008 | 10.17 | 46.97 | 42.86 |
| 2009 | 9.64 | 45.96 | 44.41 |
| 2010 | 9.33 | 46.5 | 44.18 |
| 2011 | 9.18 | 46.53 | 44.29 |
| 2012 | 9.11 | 45.42 | 45.46 |
| 2013 | 8.94 | 44.18 | 46.88 |
| 2014 | 8.64 | 43.09 | 48.27 |
| 2015 | 8.39 | 40.84 | 50.77 |
| 2016 | 8.06 | 39.58 | 52.36 |
| 2017 | 7.46 | 39.85 | 52.68 |
| 2018 | 7.04 | 39.69 | 53.27 |
| 2019 | 7.11 | 38.97 | 53.92 |

资料来源：中经网统计数据库。

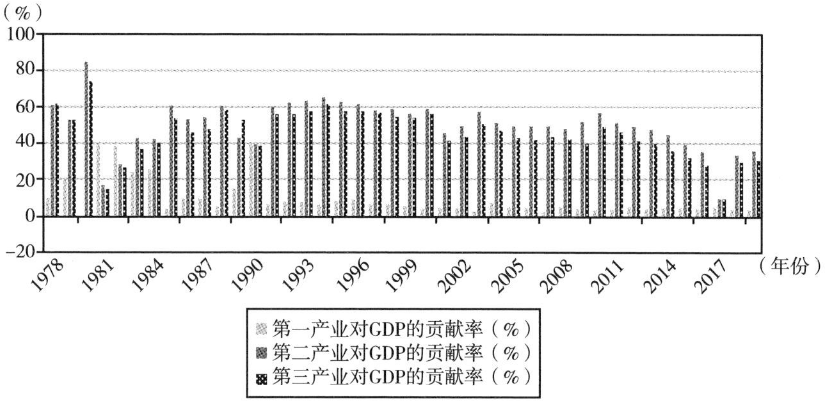


**图 1-5 各年份三次产业对 GDP 的贡献率**

资料来源：中经网数据库。

**表 1－3　中美两国历年服务业增加值（现价美元）比较**

| 年份 | 中国（美元） | 美国（美元） | 中国服务业增加值年增长率（%） | 美国服务业增加值年增长率（%） |
|---|---|---|---|---|
| 2019 | | | 53.92 | |
| 2018 | | | 53.27 | |
| 2017 | 6.32 万亿 | | 52.86 | 77.37 |
| 2016 | 5.77 万亿 | 14.34 万亿 | 52.36 | 77.55 |
| 2015 | 5.56 万亿 | 13.83 万亿 | 50.77 | 76.82 |
| 2014 | 5.01 万亿 | 13.13 万亿 | 48.27 | 75.84 |
| 2013 | 4.49 万亿 | 12.57 万亿 | 46.88 | 75.77 |
| 2012 | 3.88 万亿 | 12.24 万亿 | 45.46 | 76.15 |
| 2011 | 3.34 万亿 | 11.73 万亿 | 44.29 | 75.86 |
| 2010 | 2.69 万亿 | 11.38 万亿 | 44.18 | 76.21 |
| 2009 | 2.27 万亿 | 11.01 万亿 | 44.41 | 76.44 |
| 2008 | 1.97 万亿 | 11.0 万亿 | 42.86 | 74.53 |
| 2007 | 1.52 万亿 | 10.75 万亿 | 42.87 | 73.9 |
| 2006 | 1.15 万亿 | 10.25 万亿 | 41.82 | 73.7 |
| 2005 | 9448.98 亿 | 9.73 万亿 | 41.34 | 74.02 |

资料来源：中经网统计数据库。

### （二）资源环境趋紧

由于三次产业结构不合理，产业内部发展不均衡，以及生产力水平较低，传统发展方式高投入、高污染、高能耗，能源消耗规模与单位 GDP 能耗都较高，资源利用效率较低，导致环境污染，资源过度消耗。与此同时，相较于商品市场，我国的要素市场发展相对滞后，要素的市场化定价机制不健全，在一定程度上导致资源利用的过度化。例如，安徽的淮南市和淮北市，作为煤炭储量丰富的资源型城市，在资源开发殆尽以及环境管制加强的共同约束下，仍在城市的转型道路上艰难前行（见图 1－6）。

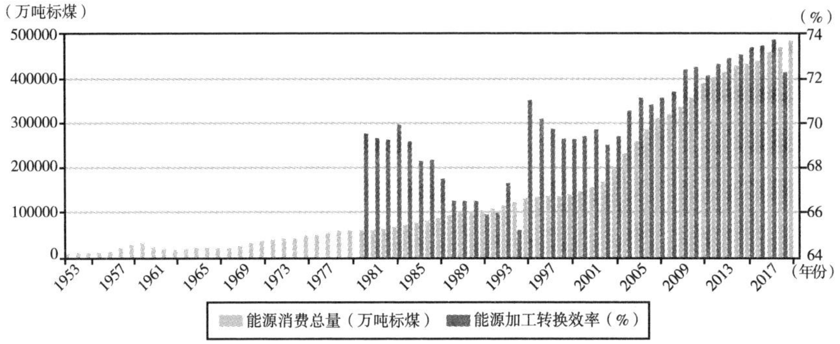


**图 1－6　能源消费总量与能源加工转换效率情况**

资料来源：中经网数据库。

# 第三节　问题的提出

## 一、新型城镇化促进经济效率提升的理论逻辑

中国所取得的巨大成就具有其内在必然性，绝非偶然。这种必然性既是中国独特历史文化、民族特性使然，也是国家治理体系和治理能力提升的结果，就像任何强大有效的制度设计一样，马克思列宁主义、毛泽东思想、邓小平理论、“三个代表”重要思想、科学发展观、习近平新时代中国特色社会主义思想这一理论体系为新时代新型城镇化发展注入了强大的思想内核。在新中国成立 70 年、改革开放 40 多年历程中，城镇化发展对经济社会变革起到极其重要的作用，对促进经济增长、保障农业转移人口安置与就业、促进产业结构升级等方面的作用应当充分肯定，中央对新型城镇化战略的科学判断引发了各方的广泛探讨，学界也开展了深入的理论研究，这些不断深化我们对中国特色城镇化发展道路规律和理论建构的理论认识。

城镇化作为贯穿新中国发展始终最为重要的关键词之一，从理论基础的构建到国家经济社会发展引擎的基础地位，经济社会发展的不同阶段，都对城镇化提出不同的实践要求。新的城乡关系作为当前全面深化改革、调整经济社会结构目标的重要手段，重新认识新型城镇化发展的理论逻辑、制度起点和实践路径具有重要的理论价值和现实意义。本书拟通过对传统城镇化道路的反思，在现代化国家治理体系这一语境下，立足于现代化国家建设这一方向，有助于形成扎根中国实践、立足历史经验、体现中国特色的新型城镇化道路，根据新时代我国社会主要矛盾转变，阐释城镇化发展和经济效率提升的形势和任务。城镇化道路的制度逻辑与效率建设的经济逻辑互嵌互塑，在社会转型发展的挑战下，新型城镇化发展模式要符合经济效率提升的现实需要，有助于要素的自由流动、城市经济集聚效应和辐射效应的发挥、城乡一体化发展以及在这一过程中经济社会结构变化所带来的文化发展和意识变迁。中国特色社会主义城镇化道路体现以国家整体为主体的治理理念和实践，城镇化过程是城乡经济社会发展演进的过程，也是社会治理的过程。在不同的发展阶段和制度设计下，城镇化道路具有不同的逻辑内涵和实践特征。因此，只有把握新时期经济社会改革的目标和任务，立足于现代化国家治理体系框架构建的现实，才能够准确把握中国特色社会主义城镇化发展道路的本质。

作为改革的最重要内容之一，城镇化发展不仅推动了经济社会的持续发展，同时，其内在的人本属性和民生关怀也成为国家意志表达和传递的重要内容。城镇化的过程反映国家治理的手段，其结果体现了国家发展的经济效率性、秩序的可控性、社会的公平正义性。伴随着城镇化的快速发展，我国经济社会发生了巨大变化，人口城镇化率年均增长 1.08 个百分点，2011 年城镇化率首次突破 50%，这表明中国社会性质已从农村社会转变为城市社会。习近平指出：“全面深化改革的总目标，就是完善和发展中国特色社会主义制度、推进国家治理体系和治理能力现代化。这是坚持和发展中国特色社会主义的必然要求，也是实现社会主义现代化的应有之义。”在显著的经济效应下，合理应对复杂的经济社会转型风险，实现整体规范的协调性与个体（地方）实践的自洽性相统一，降低转型发展的不确定性，筑牢规模总量增长向效率质量增长转变的制度保障。

城镇化问题是涉及经济、社会、环境、空间、文化等多维度的内涵，因此，通过宽角度多学科进行文献梳理，有助于我们客观准确地把握新型城镇化发展的内在逻辑。当前，我国面临突出的结构性矛盾，城乡差距、工农业发展失衡，亟待我们做出理论回应，新型城镇化作为贯穿城市和乡村、工业与农业最为关键的变量，为我们转变经济发展方式，推动城乡融合发展提供了重要抓手。从理论上看，城镇化提升经济效率的逻辑是合理的，符合传统城市与区域经济发展的基本规律。

## 二、新型城镇化促进经济效率提升的现实逻辑

城镇化本质上是要素、人口、产业在空间上的集聚现象，被认为是经济社会变迁最为重要的发展特征。城镇化是经济发展的结果，反之，城镇化进程也影响经济社会发展水平和效果。城镇化是推进经济、政治、社会、文化和生态“五位一体”建设的关键着力点，是解决“三农”问题的突破口，是扩大内需和促进产业升级的重要抓手，对区域协调发展也具有突出作用。优化产业结构和空间结构，能够为劳动者提供更多的就业岗位，有效增加城乡居民收入。产业结构优化、人口转移与城镇化发展之间的良性互动，也是我国跨越中等收入陷阱的关键所在。

据国家统计局统计，1949 年初，城镇化率为 10.64%，1978 年常住人口城镇化率 17.95%，截至 2019 年末全国总人口 140005 万人，比上年末增加 467 万人，其中城镇常住人口 84843 万人，常住人口城镇化率为 60.60%。“新型城镇化”这一中国式命题，以人为本、四化同步、优化布局、生态文明等作为指导方向及思想，是对传统城镇化发展模式的合理修正和全面优化，是“去”资源错配结构性难题

的最重要动力源泉。当前，高速经济增长与经济高质量发展相违背的趋势明显，经济韧性不足、资源过度消耗、要素配置错位、环境污染严重等问题突出。政府主导的被动、粗放的城镇化发展模式对经济高质量发展形成"潜在"和"后危机"式障碍，经济由数量规模型增长向质量效率型转变迫在眉睫。现阶段，我国经济增长依靠投资、消费、出口拉动，"三驾马车"齐驱并重，其中，投资和出口占比较大。一方面对资源环境压力较大，另一方面容易受到外部不确定性因素的影响。近年来，我国外部经济政治环境趋紧，经济社会转型发展也处于关键时期，2020 年国家提出以国内大循环为主体的发展战略，这为我们未来经济发展指明了方向，扩大内需拉动消费，对外积极开阔市场，消化过剩产能，实现经济健康稳定发展。经济社会结构调整的关键期，"扩内需"成为经济发展稳定增长的重要手段，李克强总理曾在中央经济会议上提出："城镇化是中国扩大内需的最大潜力，要摆脱传统城镇化发展的老路，走新型城镇化道路。"2014 年 3 月，《国家新型城镇化规划（2014～2020 年）》正式出台，标志着城镇化战略部署上升为国家战略层面，成为经济增长驱动力及经济发展方式的重心所在，是扩大内需实现经济可持续发展的引擎。城镇化建设被提升到稳增长战略新高度的同时，"唯 GDP 论"的发展模式已不再适用中国经济社会的发展要求，进而中国政府提出"新常态"发展模式，加之党的十九大报告明确提出"我国经济已由高速增长阶段转向高质量阶段，正处在转变发展方式、优化经济结构、转变增长动力的攻关期"的重要论断，更加明确我国对经济转型发展的重视程度。那么，中国经济质量增长的动力支撑在哪里？新型城镇化能否成为下一阶段推动我国经济持续、高效增长？

当前，我国处于城市群快速发展阶段，城市群已成为我国经济、社会活动的主要空间载体，作为区域经济发展增长极的作用不断凸显。但快速发展带来的环境污染、交通拥堵、公共设施不足、资源短缺、突发自然灾害频现等"城市病"，已日益成为制约我国经济社会高质量发展的一大阻碍。随着城市发展对人口、资源、交通、环境的需求持续增强，尤其是发展水平较高的城市，综合承载力受到严峻挑战，同时经济发展水平较低的城市，综合承载力潜力相对没有完全释放，从总体上看，我国城市经济规模与城市基础设施、资源环境、公共服务的综合承载能力不匹配。从方法论的角度来看，所有有关经济发展的理论都具有典型的时代特征和历史发展的局限性。一方面，我国城镇化发展的历程表明，西方城镇化理论并不完全适合中国，我们对西方城镇化理论和城市发展道路的总结与反思也远远不够；另一方面，传统的城镇化理论在其自身发展过程中必须不断提出反思与批判。这种理论反思是习近平新时代中国特色社会主义思想方法论的重要内容。就其实质而言，是从中国实践出发，对辩证唯物主义和历史唯物主义世界观和方法论的创新性发展。

## 第四节　文献综述

### 一、城镇化与经济增长研究

学者们从不同学科和不同角度，对城镇化与经济增长的关系做了大量研究。其取得了丰硕的研究成果。其研究内容主要集中在：（1）城镇化与经济增长关系的存在性证明，以及两者之间的协调性研究。周亮（2019）等通过耦合协调模型对2000～2013年中国城镇化与经济增长耦合关系进行分析发现，城镇化与经济增长耦合协调程度呈上升趋势、且区域差异性逐渐缩小，东、中、西部地区递减趋势依旧。朱金鹤等（2019）则从绿色经济发展的视角研究新型城镇化与绿色经济效率的深度融合问题，提出两者协调水平均有所提高且东部地区明显优于中西部地区，存在地区差异性；由于城镇化与经济增长间的协调性不仅受到自身因素的影响，还会受到其他客观因素的叠加影响，因此两者就会出现不协调的现象，如城乡差距不断拉大、城乡要素配置错位、资源环境趋紧等较为严重的问题，进而制约了城镇化与经济发展质量。(2) 城镇化与经济增长的相关性以及量化分析。随着城镇化发展与经济增长都出现不同的转型阶段，由量到质、由规模到结构的纵深发展，城镇化对经济增长推动作用不仅展现在数量关系变动的研究上，还表现在两者间的存在性证明上。根据诺瑟姆提出的城市化阶段理论，不少学者对中国城镇化与经济增长水平之间关系进行探索。其中，最常被引用的就是由钱纳里等（Hollis Chenery，1998）提出的城市化与经济发展水平间的一般关系。随后张颖等（2003）对钱纳里模型进行不同程度的修正。简单的变动数量关系的研究已经不能满足现阶段我国城镇化与经济增长发展状况，城镇化与经济增长间存在正相关关系的结论得到国内外大部分学者的证实。然而，也有部分学者提出城镇化与经济发展两者间的关系不太明确或没有任何证据能够证明直接影响关系，金荣学等（2010）发现，各省区市城市化水平与经济增长关系并不明确，但他们也发现居于初始水平中下省份两者间具有强相关关系，并证实了省际差异性的存在。Ooi（2009）认为农村人口向城镇化转移过程中，造成城市医疗、就业、住房等方面出现供不应求的现象，可持续发展的目标遥不可及，进而对城镇化发展促进经济增长保持怀疑的态度。过度的城镇化发展可能对经济增长产生负向的影响效应。Satterthwaite 在估计城镇化进程中城市居民人数时就指出大约有 10 亿城市居民处在水深火热中，这对经济增长来说是极其不利的。另外，城镇化本身对经济增长的直接影响效应并不明显，人力资本及信息外溢效应增强了城镇的集聚能力，从而进一步促进城市经济增长。城镇化过程中引发要素空间集聚，带来地区要素积累，这种积累又会产生结构效应，从而对经济增长产生影响（沈坤荣等，2007）。

在城镇化过程中，通过完善公共基础设施和公共服务水平、要素集聚、产业集聚和技术进步对经济效率（全要素生产率）的影响，如薛钢等（2015）研究发现，城镇化过程中的公共支出政策通过“援助之手”有效促进了全要素生产率的增长，产业集聚对全要素生产率有正向促进作用，并且这种促进效果随着城镇化水平的提高表现出门槛效应增强的特征（崔宇明等，2013）。倪鹏飞（2013）认为，新型城镇化通过促进城乡基础设施一体化、公共服务均等化以及农民知识、技能、素质、收入的提高，改善经济效率、消除二元结构和实现社会公平。林勇等（2015）通过DEA方法探讨了我国特定年份30个省区市土地城镇化的经济效率变化情况，研究结果表明，土地城镇化对政府财政收入产生的直接影响，远大于对人均GDP的影响，且对第二产业的推动作用大于第三产业的。王兵等（2014）采用中国112个环保重点城市数据，对城镇化与绿色发展效率进行了实证检验，指出居民城镇化对绿色发展效率有显著的促进作用，而就业城镇化、经济城镇化和综合城镇化对绿色发展效率则产生显著的先抑制后促进的影响。任阳军（2019）基于超效率模型测算了我国绿色经济效率，并实证分析了中国产业集聚对绿色经济效率的影响，城镇化水平和人力资本水平对绿色全要素生产率有显著的促进作用。

梳理现有文献发现，文献主要侧重于城镇化与经济增长关系研究，以及城镇化拉动经济增长的量化分析，而涉及城镇化促进经济高质量发展的文献相对不足。本书的边际贡献在于：

（1）城镇化对经济效率提升的机理研究。现有文献多以定性分析为主，通过构建生产函数，引入城镇化变量的数理模型分析目前尚不多见，本书在柯布—道格拉斯生产函数中引入城镇化变量，通过数理推导最终得到城镇化与经济发展之间的函数关系，这在一定程度上弥补了现有文献的理论研究的不足。

（2）现阶段我国进入转型发展的关键时期，实现社会主义现代化建设要求必须改变原有发展模式，提高经济效率。现有文献对我国的全要素生产率的研究较多，但如何以新型城镇化建设为抓手，促进经济效率提升，相关文献却不足，缺少新型城镇化对经济效率提升的经验证据。

（3）就样本而言，文献多侧重于全国、省级或特定区域的研究，而从城市这一相对较小单元的研究较为少见，我国地区经济发展水平差距较大，从全国层面系统研究，再对东、中、西部地区分别进行讨论，是十分必要的，而城市相对省级数据更具说服力，可以从相对微观的视角探析城镇化对经济发展的微观基础。

（4）从采用的测算方法来说，空间视角越来越受到学界的重视。空间经济、空间结构、空间计量、空间规划等方法在应用经济学等领域的应用越来越普遍，其科学性和现实问题研究的必要性被学者们广泛认同。现有文献多采用传统计量方法，以及传统经济学的理论假设，即空间单元相互独立的理论假设，显然这不符合实际，现实中各单元之间并非相互独立，相反可能具有一定的相关性，因此，传统回归分析可能存在偏误，通过构建空间分析模型，可以纠正这种偏误，从而得到更为符合实际的经验证据。

（5）由于没有将空间与时间相结合起来考察两者间的关系，忽视时空交互效应带来的影响，故本书在充分考虑新型城镇化发展对经济效率提升的“时空”关联的基础上，使用时间跨度为 13 年的中国 274 个地级城市的短面板数据，选用动态空间面板模型研究新型城镇化发展对经济效率的提升作用，同时，考虑到我国城镇化发展与经济发展存在区域差异性，因而从东、中、西部分区域进行讨论新型城镇化战略的提出对我国区域经济效率发展的影响。

城镇化是各国工业化发展中必然经历的一个阶段，这预示着国家的工业生产力不断提升，产业结构得到升级，人口逐渐向城镇集聚发展。从我国的城镇化进程来看，改革开放后，市场经济体系得以建立，这一时期我国的城镇化逐渐发展，整体的城镇化发展质量和速度也在不断提升。据相关统计数据显示，1982 年，我国城镇化率大约为 17.9%，而到 2011 年，我国的城镇化率已经增长到 51% 以上，这预示着我国社会经济发展在城镇化进程中，很多优质资源集中起来，人力资本的累积效应也开始凸显，还有以“干中学”效应以及知识集聚效应的外溢性为基础的发展，都在为社会全要素生产力提升提供必要的前提条件。

Lewis构建的农工两部门经济发展模型指出，只要城市雇佣工资的实际水平比实际人们的生存需求高，就算是农业的边际生产力不是0，也会出现大量的劳动力从农村向城市转移，就会出现“刘易斯拐点”。在城市化问题的研究中，很多学者的研究都是针对相应的效应产生保持肯定的态度。Johnson（2000）指出，中国人口在经历由农村转向城市现象是城镇化和工业化发展的必然结果，因为只有不断减少社会中的农民数量，才能真正实现农民的富裕。李实、王小鲁等指出，在一部分劳动力向外流出的情况下，剩余的从事农业生产的边际生产率则会上升，这对于提升社会生产率是具有一定积极作用的。但是从农村向城市转移的这部分人口，他们在城市学习新知识和技能，对于促进地区的生产率提升、降低农村和城市的贫富差距也具有一定作用。贺健清将城镇化以及城乡的收入差距关系看作长期的平衡状态，且进一步提出，城乡收入差距的短期变化主要是受到城镇化率变化影响的。

在实际的城镇化过程中，问题依然突出，主要表现在以下几点。

（1）城乡差距较大，城乡融合发展面临较大挑战。城乡二元户籍制度对于转向城镇地区的公民来说实际上是存在一定不公平性的，阻碍了这些进城的农民享受和城里人一样的公共服务以及社会福利，这样也会加大城乡差距，甚至导致城乡居民之间的差距不断扩大，这种以户籍制度为基础的社会公共服务政策也会让城镇化过程中农民群体受到一定的歧视和不公正对待，导致城乡居民权益不平等，这对于社会经济发展以及长治久安都是不利的。

（2）在我国的工业化和城镇化发展进程中，环境问题一直被忽略，很多工业化和城镇化都是以牺牲环境为代价的，导致在城镇化进程中环境问题越来越突出，甚至发展成为阻碍城市化进程和区域经济发展的主要因素之一。从地区的长远发展目标来看，城镇化的环境生态问题会阻碍地区的可持续发展目标实现。

（3）城镇化进程中，以高密度劳动强度工业为主，产品附加值比较低，整体创新不足，这种粗放式的经济发展模式也影响了我国经济社会的持久发展，在当前的经济形势下，这些都是需要重点解决的发展和改革问题之一。

针对我国经济增长以及发展的相关研究，专家和学者更多地将注意力放在了社会要素生产率方面，提出要加快构建一个社会要素生产率研究体系，注重发挥社会基础设施的作用，注重技术的作用发挥。从社会要素生产率差异来看，其影响因素比较多，其中，劳动力的配置不当会给社会要素生产率带来不利影响，且这种影响趋势在不断扩大，相关的负效应也是比较显著的。

## 二、国内外对全要素生产率的研究

全要素生产率（total factor productivity）实际上是指生产活动在某个特定时间内所获得的效率，一般可以通过某个特定时间段中的总产量和全部要素投入量的比值来计算得出，这一指标主要是针对单位总投入的总产量的生产率进行衡量的。这一指标数据的增长一般都会与科技发展联系在一起，全要素生产率提升了，表明社会科技不断进步。在全要素生产率的来源要素中，包含技术、创新以及专业化水平等，这一指标也多被用来衡量一个国家或地区的经济增长质量和技术水平。

### （一）国外对全要素生产率的研究

1957 年，美国经济学家罗伯特·索洛首次对全要素生产率进行了量化研究。此后，丹尼森通过把投入要素进行细分，利用加权数合成总投入指数，对“索洛余量”进行了拓展。而逐渐发展起来的随机前沿生产函数放松了技术无效的假设，将全要素生产率的变动分解为生产可能性边界的移动和技术效率变化两部分。此后，Schmidt（1980，1986）、Kalirajan（1993）等采用随机前沿生产函数法检验了产出与技术效率、全要素生产率的关系。Fare（1994）以规模报酬可变模型为基础，将生产指数的变化分解为规模效率变化、技术进步变化和纯技术效率变化。Ubiana（2000）实证检验了一个国家所处的发展阶段、劳动力水平及资本技术对生产率的影响。

针对这一指标的研究中，国外的研究成果比较多，著名经济学家亚当·斯密针对生产率进行定量研究，早在20世纪20年代末就提升生产函数这一理论，针对1869～1878年的美国经济现象研究中，Abramovitz在研究论述中强调了除了生产要素投入增长导致产出增长外，还有其他的因素对于生产增长产生积极促进作用。Solow在研究中总结出，技术的发展导致产出提升，提出技术进步以及技术进步对于经济增长的共享，并探索相应的定量计量方法，这一研究在当时掀起研究的热潮。此后很多学者在研究中都采取实证的方法来对世界各国经济增长中的生产率变化情况进行细致分析，相关的成熟研究方法也逐渐出现，在学术领域得到广泛应用。现阶段，针对生产率的研究相关方法和理论也正在不断发展完善中。从其概念来说，以往更多关注的是市场价值的要素投入和产出情况，现在更多地将环境因素以及资源配置效率等相关的总要素生产率考虑在内；从理论角度看，相关的理论正在不断丰富和发展；在实证研究的方法应用中，已经由以往的指数法转变为经济计量分析法，还有其他的一些有效的研究方法。

1. Solow针对全要素生产率的研究。

1957年，Solow在《技术变化和全要素生产函数》的研究论述中，将总产出当成劳动以及资本投入要素的函数，在总产出增长中取出劳动力成本以及资本带来的增长率部分，将所获得的剩余价值列为技术进步对于产出所发挥的作用。在研究中，他通过对美国40年间经济增长的研究，计算得出1909～1949年美国的经济增长中去除这两个投入要素，技术进步对于美国经济增长贡献力达到了 80% 以上，通过相关的假设前提设定，Solow 实现对于这一经济问题的清楚把握和分析，并指出在当前的市场竞争环境中，技术进步和发展是除了资本和劳动力之外对于经济增长最重要的因素。这一研究成果也存在一些不足，但 Solow 对经济增长中的多重因素影响结果进行了综合分析，指出除了生产的投入要素外，技术进步对经济增长同样重要，能够实现在同等的投资和劳动力投入中促进经济效益目标。

2. Denision 针对全要素生产率的研究。

Denision 是诺贝尔经济学奖获得者，在其论述《美国经济增长的源泉》中，对美国经济增长的要素进行了细致的分析，其将美国的经济增长归结为两个方面的因素。Denision 指出生产要素投入量中包含资本和劳动力的投入，而资本是数量上进行增长，劳动力则是表现为数量上增长以及素质上的提升。在生产率中，包含资源配置改善的原因，知识的进步等是促进生产率提升的要素。Denision 还指出，知识的进步在对于促进生产要素投入量增长中也具有显著作用，知识进步可以在一定程度上减少这种投入量，促进经济增长目标实现，也可以在既定的投入量基础上实现总产出的更大增长。此外，他还强调了教育在美国经济发展中的重要作用，因为教育能够促进劳动者素质提升，也能够促进生产率提高。

3. Jorgenson 针对全要素生产率的研究。

Jorgenson 在这一问题的研究上也有一定的贡献，提出可以使用超越对数生产函数的方法，对部门以及总量进行测算，此外，他还指出要保证产出和投入的数量计算准确无误，可以将资本投入、劳动投入以及总产出进一步分解，在其《生产率变化的解释》一文中，他对投入和产出要素进行了详细的分析，通过将劳动力按照相应的特点进行划分，指出劳动投入的增长是相应劳动质量以及工作时间变化产生的总体效应。他通过相关的计算，对美国经济增长情况展开实证分析，最终得出在美国的经济增长要素中人力资源以及其他投入是影响美国经济增长的主要因素，但是在这一过程中，生产率的作用似乎并不突出，这一研究为后续关于这一问题的研究提供了新思路和新方向。此后，一些学者使用生产前沿的方法以及其他方法对全要素生产率进行测算和研究，也验证了这一结论。

## （二）国内对全要素生产率的研究

相对于西方发达国家来说，我国针对全要素生产率的研究相对较晚，相关的研究工作也处于起步阶段，我国在改革开放后，经济得到大发展，整体的社会发展得到改变，对全要素生产率的研究也开始逐渐增多，但是总体来看，在全要素生产率的研究上，中西方的差异还是显著存在的，李京文在这一问题的研究中，可以说是先行者，在《生产率与中美日经济增长研究》中，李京文等人对于中国、美国以及日本三个国家的生产率及其和国家经济增长之间的关系分析对比中发现，生产率对于经济增长具有显著的促进作用，生产和经济增长在一定程度上呈正比关系。孔翔（1999）在其研究中，通过构建随机前沿生产函数模型，对中国 1990 ~ 1994 年主要工业行业的技术变化率以及 TFP 变化率进行全面评估和计算。郑玉歆（1999）在研究中，估计了不同方法在测算 TFP 时的差异大小。叶裕民（2002）利用索洛模型对我国 1978 ~ 1998 年各省区市的全要素生产率进行测算，结果表明，在我国的经济增长中资本和技术是最为重要的推动力。张军、施少华（2003）采取生产函数构建相关计算模型，对我国 1952 ~ 1998 年全要素生产率以及增长率数据进行了回归分析。葛虹、冯英浚（2005）在他们的研究论证中也发现，在我国经济发展中，技术、制度以及管理层面的创新对于提升全要素生产率的积极作用是毋庸置疑的，强调了创新在推动全要素生产率中的积极作用。颜鹏飞、王兵（2004）在研究中发现，1978 ~ 2001 年，我国绝大部分省区市的相关数据计算结果显示，我国整体的全要素生产率在对应年份都是不断提升的，但在相关的增长原因分析中将这些积极成果的获得更多地归结于技术的改进和发展。

在对全要素生产率的实证分析中，张建伟（2019）在其《全要素生产率提升有助于抑制企业金融化吗？——来自中国A股上市企业的经验证据》中指出，全要素生产率提升是企业金融化实现的重要基础，并且通过对中国A股的上市企业分析得出相应的数据结果，为研究提供了充足的数据参考。才国伟、杨豪（2019）在《外商直接投资能否改善中国要素市场扭曲》中，对中国的全要素生产率进一步进行了论述，得出外商投资对全要素生产率提升的作用。包彦明、马艺晏等（2019）在《大型航天企业全要素生产率测算研究》中，以中国大型航天企业全要素生产率为例，进行测算分析，得出其全要素生产率的主要影响因素。许素琼（2019）在《新型城镇化对农业绿色全要素生产率的低门槛效用实证分析》中，创新地从绿色全要素生产率角度，分析新型城镇化发展的重要推动要素。尹朝静（2019）在《城镇化、工业化对农业全要素生产率增长的影响研究——来自重庆37个县（区）面板数据的证据》中结合重庆37个县（区）面板数据信息，分析城镇化、工业化对农业全要素生产率增长的影响，为当前城镇化和工业化全要素生产率增长提供有效的发展依据，为新时期城镇化和工业化发展提供了有效的指导。

综合国内外关于全要素生产率以及经济增长和城镇化的研究，目前对经济效率的研究相关理论问题还不完全清晰，对经济效率的影响原理研究还存在一定的欠缺。在一些国内外的研究中，多受制于实践经验总结模式，或是通过定量、定性研究等方法，而具体开展模型理论研究的成果相对比较短缺。目前对不同空间尺度研究中，更多的是将目光聚焦在经济效率方面，很多学者的研究都是基于宏观角度来分析的，并不能对相关的经济效益影响要素进行准确把握，也无法找到促进经济效率提升的动态机制。在对具体的空间尺度的研究中，从实际来看，经济效率除了内生的因素影响外，还会在一定程度上受到一些外部因素的作用和影响。对此，在研究中应该从不同维度对其影响机理进行全面分析，特别是对不同区域间经济效益的溢出效应现象，也需要对其影响程度情况进行进一步的深化研究。

总体来看，国内外关于全要素生产率以及经济效益研究课题中，更多的是从纯经济学角度来进行分析的，在进行相应的研究指标的选择中也会存在一定的局限性，在具体的分析论证中，往往也没有与相应学科实现融合和交叉，所以在研究这一课题中，相关的方法需要进一步创新，也需要强化学科融合和渗透。

## 第五节　研究思路和创新之处

对现有文献进行系统梳理发现，学者们对不同时期、不同区域的城镇化发展和经济增长问题进行了大量分析，并对城镇化和经济效率（全要素生产率 TFP）分别进行测度。本书将沿着“问题描述—规律探寻—策略推进”的逻辑思路进行研究。首先，描述新型城镇化的战略地位和战略意义，揭示新型城镇化提升经济效率的现实逻辑，通过新型城镇化驱动经济高质量发展的机理分析和数理模型分析，系统阐释新型城镇化对经济效率作用的理论逻辑（规律探寻），进而提出“新型城镇化提升经济效率”这一命题；其次，以 274 个地级市为样本，对全国新型城镇化和经济效率水平进行综合测度，归纳出其演进轨迹（问题描述）；最后，分析中国现代化国家治理体系下新型城镇化提升经济效率的实践路径，并设计新型城镇化提升经济效率的路线图和政策体系（策略推进）。

本书研究可能的创新点：

第一，城镇化提升经济效率的机理研究尚不多见。现有文献研究多局限于城镇化对经济增长作用的存在性证明中。对城镇化提升经济效率的机理分析不足。本书尝试构建一个包含城镇化变量的柯布—道格拉斯生产函数模型和理论分析框架，系统分析城镇化对经济效率的作用效果和影响机制，这在现有文献中较为鲜见，为系统分析奠定了重要的理论基础。此外，本书从空间视角出发，摆脱传统经济学样本同质这一假设，考虑地区异质性实际，分析空间关联性在两者作用过程中的影响机制。

第二，以城市这一相对省级或全国层面的较小单元为研究对象，有利于我们更加充分地认识其效率改善的影响机理和作用，同时，提出更具针对性的政策建议。伴随着经济的快速发展，经济活动的空间分布也不断变化，传统的城镇化发展模式导致经济粗放增长，经济社会的结构失衡与效率低下问题日益凸显。现有文献缺少从空间尺度对全国地级城市经济效率系统、全面的经验证据。本书全面梳理新中国成立 70 年城镇化发展历程，系统梳理城镇化发展取得的成就，深入反思城镇化存在的问题，科学展望城镇化发展的基本趋势及主要特征。

第三，现有研究多侧重于对不同地区和时期城镇化与经济效率的测算，对于通过城镇化提升经济效率的对策建议较少提及，其现实中的可操作性更是值得商榷。基于全国地级城市数据，以空间尺度对城镇化与经济效率展开系统的理论与实证研究，以及城镇化能否实现经济效率的动态条件收敛，进而缩小区域内发展差异，提出科学合理可操作性的政策建议，是目前理论研究亟待探索和完善的内容。

第四，新的发展阶段我国新型城镇化的发展环境发生了深刻变化，这些变化产生强烈的制度需求，其主要包括：城乡一体的政治需求，建立城乡统一的政府治理体制；城乡融合的经济需求，产业、资源、要素、市场等城乡归一的政策体系；城乡一体的社会管理需求，依附于城乡差距的身份体制打破后，城乡居民统一地参与社会管理职能日益高涨，城乡一体的社会治理模式日益突出；城乡融合的文化建设需求、美好生活向往体现了居民对文化价值的更高追求，城市与乡村的文化建设应纳入一体化的规划中；城乡一体的生态建设需求，美丽中国、美好乡村，描述了中国生态文化建设的美好蓝图，政策的制订决定着蓝图的实现。本书构建经济、人口、资源、交通、环境多维度新型城镇化提升经济效率的动力机制，从物质载体空间和心理感知空间两种路径下，构建新型城镇化提升经济效率的空间结构转型机制，从利益分配、资源整合、社会平衡等方面，构建新型城镇化提升经济效率的保障机制。本书结合中国国情和现实，勾勒出一个较为完整的新型城镇化推动经济高质量发展的实践路径和政策体系，这在现有研究中较为少见。

# 第二章 中国城镇化与经济发展回顾

城镇化是衡量一个国家或地区发展程度、现代化水平的重要标志，城镇化战略是中国特色社会主义道路的重要组成部分。作为贯穿新中国70年发展始终最为重要的关键词之一，城镇化对经济社会发展的影响巨大而深远。新中国成立之初，城镇化发展处于萌芽阶段，人口城镇化率仅为10.64%；2011年首次超过50%，中国社会性质随之发生根本转变，由农村社会转变为城市社会，国家政治、经济、社会和文明发展都取得巨大成就。截至2018年末，中国常住人口城镇化率达到59.58%，户籍人口城镇化率为43.37%①。根据城镇化发展阶段理论的划分标准，目前中国城镇化依然处于快速发展阶段，未来，城市文明仍将加速传播与扩散，城乡发展深度融合，城乡一体化政策效果逐步显现（周加来等，2018）。改革开放以来，城镇化在快速推进的同时，出现了资源大量消耗、环境矛盾加剧、基本公共服务不均等、经济结构失衡、就业压力大、人口城镇化滞后土地城镇化等一系列问题。现阶段是国家深入推进新型城镇化建设，促进经济高质量发展的关键时期，这是在新时代新发展理念要求下，为满足人民日益增长的对美好生活的向往，以创新驱动、协调发展为内生特点，绿色集约为普遍形态，开放共享为道路选择的发展模式。2013年，中央召开改革开放以来的第一次城镇化工作会议，做出以人为核心的新型城镇化战略部署，从顶层设计上明确城镇化是现代化的必由之路。随后又制定实施了《国家新型城镇化规划（2014～2020年）》，城镇化转型发展进程不断加快。以新型城镇化建设为抓手，实现经济社会结构转型和创新驱动发展，必将开启中国特色城镇化道路的新篇章。

本书首先回顾了中国城镇化70年的演变历程，然后总结了城镇化取得的成就与经验，反思了城镇化进程中存在的问题和不足，最后对新形势下中国城镇化发展道路进行了展望。

---

① 数据来源：《中国统计年鉴》，本书数据如无特别说明均来自历年统计年鉴。

## 第一节 新中国70年城镇化与经济发展历程

了解新中国70年城镇化进程，需要在总结城镇化发展的一般规律基础上，从整体上分析城镇化发展的进程及特征，从局部观察不同地区不同阶段城镇化的成就和特色，梳理影响各阶段城镇化发展的市场与政策因素。

从现有文献来看，学者认为可以依据政府作用发挥（王志峰等，2019）、政策提出与实施（陈锋，2009）、“城市化过程曲线”理论（何志扬等，2017）、国际标准下城镇化率和城镇化发展内涵变迁（苏红建等，2013）、人口转移与结构转型（蒋晓岚等，2013）等对中国城镇化发展阶段进行划分。中国城镇化发展演变的规律符合“配第—克拉克”定律描述的经济发展过程，经济发展与城镇化推进互为因果、互为动力。多数学者认为，中国城镇化发展符合1975年美国城市地理学家诺瑟姆提出的城市生成理论（Northam，1975），即“诺瑟姆曲线”，城市化可被划分为初期（低于30%）、快速（30%~70%）、后期（70%~90%）三个阶段（李通屏，2018）；或在此基础上进行的修正，如方创琳（2008）提出的与经济相适应的四阶段论，即起步（城市化水平低于30%）、中期（城市化率30%~60%）、后期（城市化率60%~80%）、终期（80%~100%）。本书依据城镇化发展理论，在参考已有研究的基础上，将新中国成立以来城镇化发展分为起步期、加速发展期和基本成熟期三个主要阶段，并据此来解读中国的城镇化进程[①]，如图2－1所示。

① 考虑到与相关参考文献的一致性，书中出现了城镇化和城市化两种提法，本书暂不对城镇化与城市化的概念加以区分。

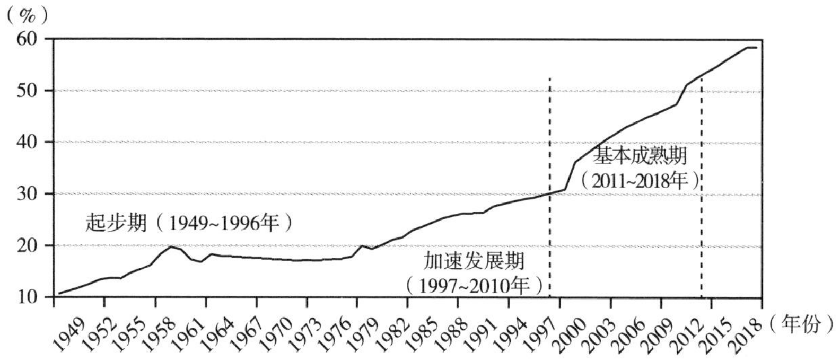


**图 2-1　1949~2018 年中国城镇化率趋势**

资料来源：历年《中国统计年鉴》。

## 一、起步期（1949~1996 年）：受计划经济体制及经济发展水平的影响，城镇化进程缓慢

### （一）1949~1957 年：对经济社会进行整顿

1949~1957 年，中国城镇化率从 10.64% 提高到 15.39%，年均提高 0.59 个百分点。1949~1952 年，国民经济处于恢复期，连年战乱使城市经济遭受极大破坏，毛泽东同志指出，要把党的工作重心放到城市上，在这一思想的指导下中国开始了"以城带乡"的发展，城乡人口自由流动成为这一时期推动城镇化发展的主要制度因素①。"消费型城市"一般缺乏自我发展和辐射带动能力，这一时期加强基础设施建设与恢复生产尤为重要，如何变"消费"为"生产"？1953 年开始，中国进入大规模建设的第一个五年计划，"一五"计划期间，集中力量以苏联帮助中国设计的 156 个重大项目为建设中心，改建、扩建武汉、太原和洛阳等一批老城市为新兴工业城市，为了追求短期增长，减少基础设施"非生产性"投入，国家有计划地将资金

① 1954 年中国颁布实施第一部宪法，其中规定公民有"迁徙和居住的自由"。

集中到生产部门，提出“新建城市原则上以中小城镇为主”的发展战略。

1952~1957 年，中国工业总产值增长 2.29 倍，其中，钢材产量增长近 3 倍，原煤发电量增长 164.4%，其他主要工业产品产量也大幅提升。大规模的工业化建设吸纳了大批农民工进城就业，提高了城镇人口数量，市镇人口由 1949 年的 5765 万人增长到 1957 年的 9949 万人，提高了 72.58 个百分点，这一时期社会主义改造基本完成，市场经济制度作用有所加强，城乡人口基本实现自由流动，城乡关系发展相对协调。随着城市工商业社会主义改造的推进和经济的恢复，尽管生产技术和产品结构的局限在一定程度上影响了城镇化发展，但产业对人口的吸纳作用越发凸显。优先发展重工业的战略选择短期带动了城镇对劳动力需求的快速增加，同时，在战后城镇离散人员回流、新政府军政人员进城以及经济恢复等因素的共同作用下，这一时期城镇化率快速提高。

### （二）1958~1965 年：城镇化发展波动较大

1958~1965 年，城镇化率由 16.25% 提高到 17.98%，年均提高 0.32 个百分点。1958 年 5 月，中共八大二次会议正式通过“鼓足干劲、力争上游、多快好省地建设社会主义”的总路线。在“跑步进入社会主义”的“高速度、高指标”目标要求下，全民大办工业，特别是“大炼钢铁”“大跃进”以及重工业优先发展战略极大地增加了城市对劳动力的需求。尽管这一时期国家开始逐渐限制城乡人口自由流动，尤其是限制农村人口迁移到城市，但仍有大量农村人口涌入城市，工业化和城镇化得到发展，城镇化水平从 1958 年的 16.25% 迅速增长到 1959 年的 18.41%。与此同时，随着经济的恢复，虽然在重工业优先发展战略下国民经济比例失衡，经济结构在一定程度上偏离了资源禀赋结构，但经济规模的扩大为经济的进一步发展奠定了必要的物质基础（苏剑等，2013）。

1959～1961年，据《中国共产党历史》记载，三年困难时期，粮、油和蔬菜、副食品等极度缺乏，严重的自然灾害给人民生活与经济社会稳定发展造成重大威胁，城镇化进程受到严重阻碍。为应对这一危机，1961年国家对国民经济实施全面调整，中共八届九中全会通过“调整、巩固、充实、提高”的总体方针，对人口流动实行严格的户籍管控，削减基础建设规模和城镇职工队伍，并动员城镇人口回到农村，致使新中国首次出现“逆城市化”现象，城镇化率由1960年的19.75%下降到1963年的16.84%。1964年以后，随着经济的恢复，城镇化率有所回升。

### （三）1966～1977年：“文化大革命”导致城镇化发展陷入停滞

在1965年经济形势向好之际，1966年持续10年的“文化大革命”暴发，城市经济再次出现萎缩，城镇化发展基本停滞，出现第二次“逆城市化”。这一时期经济结构性问题突出，重工业优先发展，轻视轻工业和商业，产业结构偏离资源和要素禀赋，就业水平较低。为了缓解就业压力，国家开展大规模“知识青年上山下乡”和干部下放农村的劳动政策。同时，在全国范围开始“三线”建设，再次提出“先生产后生活”的方针，限制城镇建设，抑制了城镇化发展。逆城市化期间（1966～1977年），中国城镇化率从17.86%降低至17.55%，年平均降低0.03个百分点，在这一时期，城镇化率始终保持在17.5%左右，且出现7年的城镇化水平负增长现象，而1977年末，中国经济总量为3250亿元，比1958年增长了147.7%，城镇化与经济发展基本脱节。

### （四）1978～1996年：改革开放开启城镇化蓄力探索的新征程

1978～1996年，中国城镇化率由17.92%提高到30.48%，年均提高0.68个百分点。1978年，中国共产党第十一届三中全会召开，中国工作重心转向以经济建设为中心的社会主义现代化建设，以家庭联产承包责任制为中心的农村经济体制改革也开启了农村发展的序幕。1980 年，中国继续将“控制大城市规模，合理发展中等城市，积极发展小城市”作为发展方针。1984 年，中国十二届三中全会决定将中国经济体制改革的重心转移到城市，加强城市经济体制改革，推行城镇国有和集体企业“拨改贷”，厂长负责制，推动城市工业经济发展，在城市工业经济恢复的同时，城市产业结构迅速调整，从 1978 年的 28.1∶48.2∶23.7 调整为 1992 年的 21.8∶43.9∶34.3，其中，第三产业产值占比大幅提高，第三产业就业人员占比也由 1978 年的 12.2% 上升到 1992 年的 19.8%。随着城市经济体制改革的不断深入，城镇化率由 1978 年的 17.92% 提高到 1992 年的 27.46%，年均增长 0.68 个百分点，但增长速度呈下降趋势，其原因在于：一方面，此阶段的城镇化发展主要以小城镇为中心，在乡镇企业和城市改革的双重推动力的作用下，城镇化水平不断提高；另一方面，由于“四普”“五普”在统计口径上存在差异，使 2000 年城镇化率存在 4.7% 的差值，为了数据协调，有关部门将 4.7% 的差值进行 5 年分摊（许经勇，2016）。

## 二、加速发展期（1997～2010 年）：以政府推动为主要特征，城镇化发展较快，但粗放式增长也带来一系列问题

这一时期城镇化率由 1997 年的 31.91% 提升到 2010 年的 49.95%，年均提高 1.39 个百分点。邓小平“南方谈话”和 1992 年党的十四大首次明确提出要建立社会主义市场经济体制后，中国市场经济体制改革目标得以确立，城镇化进入加速发展期。1998 年，中共十五届三中全会明确提出“小城镇大战略”问题，指出小城镇发展是带动农村经济与社会发展的重要力量，2000 年中共十五届五中全会进一步提出建设小城镇的重要性，即小城镇是推进城镇化发展的重要途径。以小城镇为主导，城镇的产业承载力、基础设施建设取得突出成就。

这一思想的指导作用在沿海地区的效果尤其显著，吸引了大批农村剩余劳动力，城市人口规模不断扩大，截至2000年，中国农民工外出务工人数达7849万人，三次产业就业人数结构由1978年的70.5：17.3：12.2转变为50：22.5：27.5，全国建制镇数目16774个，较1989年增长41.29%，小城镇人口明显上升。1994年分税制改革，尤其是2003年后，为了更好地吸引外资，地方政府通过举债融资，加强基础设施建设，城市的“软环境”以及要素资源集聚竞争的优势显著提升（周一星，2006），除加强经济体制和小城镇建设外，20世纪90年代后期，中国还加强了土地有偿使用、住房、教育、医疗、财税等方面的改革，特别是土地、住房改革的实施，地方政府和企业“以地养地”“以地融资”推动了城镇化发展，也带来了房地产市场的繁荣。

而20世纪90年代全球化时代的到来，对于改革开放后的中国来说，是一次历史性机遇，发达国家为了提高收益、降低成本，将劳动密集型、技术成熟型、资源开拓型的产业转移至发展中国家，这种资产、技术、产业的跨国转移对中国城镇化发展具有显著推动作用（胡序威，2007）。经济全球化对中国城镇化的影响效果在2001年中国加入世界贸易组织（WTO）后更加显著，国民经济进一步与世界融合，中国拥有大量廉价的劳动力和广阔的消费市场，吸引了众多外资企业入驻，投资建设现代化制造业工厂，使中国成为全球重要的制造业基地，这对中国国民经济发展产生了极大影响，特别是东部沿海城市成为众多跨国技术型企业的选择聚集地。2001～2011年是中国城镇化发展速度较快的十年，全国涌现出一批依托制造业发展起来的城市，如苏州、东莞、无锡等，城区面积和人口急剧增长。2008年全球金融危机爆发，对中国经济产生了一定冲击，进出口贸易萎缩，政府适时出台“四万亿投资计划”用于基础设施等投资建设，缓解外需下降带来的经济速度减缓。在此，中国城镇化发展的动力机制由外向型经济拉动向外源、内需双轮驱动转变（陶长琪等，2019）。

“十五”“十一五”规划持续将城镇化发展纳入国家战略。“十五”规划明确提出，“取消对农村劳动力进入城镇就业的不合理限制，引导农村富余劳动力在城乡、地区间的有序流动”和“进一步加大户籍制度改革”，这一阶段城镇化与经济发展速度较快。然而，快速的城镇化发展虽取得较大成就，但也伴随着“隐患”（姚世谋等，2012）。“冒进式”发展主要表现出两个显著特征：一是土地城镇化快于人口城镇化，城市用地粗放低效，建成区人口密度低，耕地减少过多过快；二是经营、管理城市的冲动超越了客观经济发展的规律。吴良镛（1999）认为，无序的城镇化发展造成的城市人口猛增、环境安全、农田被吞噬、水资源短缺等正在威胁着我们的生存空间。

## 三、基本成熟期（2011～2018年）：对传统城镇化发展模式进行反思和调整，提出以人为本的新型城镇化发展道路

这一阶段中国人口城镇化率由2011年的51.27%提高到2018年的58.59%，年均增长1.08个百分点，城镇化率仍保持快速增长态势。2011年城镇化率首次突破50%，表明中国社会性质已从农村社会转变为城市社会。但长期以来，中国以要素投入驱动发展，尤其是初级要素投入，同时过度强调外向型经济，通过增加需求拉动消费和投资，从而对资源环境造成了极大的压力（胡鞍钢等，2015）。以政府主导、粗放的传统城镇化发展模式弊端日益凸显，城镇化质量不高的问题愈发突出，发展模式迫切需要从要素驱动向创新驱动转变（辜胜阻等，2012）。在中央经济会议上，李克强总理明确提出：“城镇化是中国扩大内需的最大潜力，要摆脱传统城镇化的老路，走新型城镇化道路。”党的十八大、十八届五中全会、十九大等都提出，在追求规模与速度增长的同时，要更加注重经济发展的质量与内涵。同时，国家也相继颁布一批有关城镇化健康发展的文件。《国家新型城镇化规划（2014～2020年）》明确提出，中国城镇化进入以质量提升

为主的转型发展阶段。党的十八届三中全会审议通过《中共中央关于全面深化改革若干重大问题的决定》，再次阐释了“新型城镇化”的科学内涵，即“坚持走中国特色新型城镇化道路，推进以人为核心的城镇化，推动大中小城市和小城镇协调发展、产业和城镇融合发展，促进城镇化和新农村建设协调推进。优化城市空间结构和管理格局，增强城市综合承载能力”①。这表明城镇化的转型发展已经成为中国经济持续稳定发展的战略核心（王国刚，2010）。在经济发展的换档期，2015 年供给侧结构性改革的提出为城镇化发展开辟了新道路。

## 第二节　新中国 70 年城镇化与经济发展成就与反思

新中国成立，尤其是改革开放以来，包括户籍制度、土地制度、就业政策、产业政策、环境政策和政府管理体制等对城镇化发展产生深远影响，城镇化的空间分布、人口构成和产业就业结构发生了重大变化，目前以户籍人口管理为基础的城镇行政、财政管理体制和规划思路下，城镇化发展依然有重物轻人倾向，表现为就业人口转移和公共服务改善仍然滞后于产业经济增长、人口城镇化滞后于土地城镇化等。经过相当一段时期的探索，政府推动粗放的城镇化发展模式弊端已显现，突出表现在以下几个方面。

### （一）城镇化在推动城市经济不断增强的同时，也导致城市高房价泡沫、居民幸福感降低

新中国成立后，为适应社会主义经济发展的需要，新建了一批工

① 新华网，《中国共产党第十八届中央委员会第三次全体会议公报》，http：//www. xinhuanet. com//politics/2018 -02/28/c_1122468000. htm.

商业城市。截至 1985 年，设市建制的城市达到 324 个，城市总人口（不包括市辖县）达到 21228 万。城市基础设施和市政建设取得很大发展。城市经济在整个国民经济中占有极其重要的地位，作用日趋重要。据不完全统计，到 1985 年，设市建制的城市工业总产值占全国 69.7%，全民所有制独立核算的工业企业的利润和税金占全国相应企业的 79.5%，城市工业企业职工人数占全国的 68.3%。2018 年城市数达到 672 个，建制镇 21297 个。2017 年，仅地级以上城市地区生产总值就达到 52.1 万亿元，占全国的 63.0%，地级以上城市地方一般公共预算收入达 55714 亿元，占全国的 60.9%。受新型城镇化政策的推动，户籍、土地、财政、教育、就业、医保和住房等领域配套改革相继出台，农业转移人口市民化速度明显加快，大城市管理更加精细，中小城市和特色小城镇加速发展，城市功能全面提升，城市群建设持续推进，城市区域分布更加均衡，城市经济的增长极作用越来越明显。

城市经济高速增长的同时，也带来了高房价问题。改革开放 40 多年来，城市常住人口增加 6.4 亿，1978 年中国城市人均住房建筑面积仅 6.7 平方米，无房户占城市总户数的 47.5%。2018 年，城镇居民人均住房建筑面积达到 39 平方米。40 年的时间，中国城市人均住宅建筑面积增长了逾 5 倍，居民的住房条件得到极大改善，如图 2－2 所示。在城镇化加速推进、人口快速流动的大背景下，2000～2017 年，城镇家庭住房自有率从 74.1% 稳步上升至 80.8%，处于国际较高水平。新中国成立 70 年，尤其是改革开放以来，百姓的安居梦正成为现实。房地产行业已成为中国经济发展的支柱产业之一，在促进经济发展和改善居住环境等方面发挥了重要作用。然而，当前城市高房价泡沫降低了居民的幸福感，高房价已然成为最具社会影响的问题之一。

新中国成立后到改革开放前，中国主要实行的是福利分配制度，国家对居民住房进行统一规划、建设和分配，这符合高度集中的计划

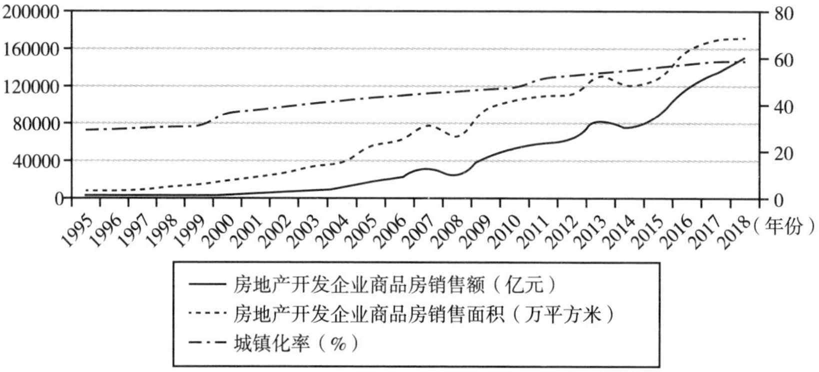


**图 2－2　城镇化率与房地产商品房销售额、销售面积**

资料来源：中经网统计数据库。

经济体制下工业快速发展的目标要求，也能够在一定程度上保障当时城镇居民的住房需求，但其弊端在于将住房赋予了公共产品属性，市场对资源的配置作用“失灵”，抑制了私人部门对住房的投资以及消费，最终导致住房市场的供需矛盾突出。改革开放后，随着经济体制以及房地产市场化改革的不断深入，国家相继发布《关于进一步深化城镇住房制度改革加快住房建设的通知》和《关于促进房地产市场持续健康发展的通知》，正式取消住房福利分配制度，并将房地产业确立为国民经济支柱产业，就此开启房地产市场的快速发展通道。2003～2007 年，房地产投资额连续 5 年保持两位数的快速增长，“过热”现象开始显现。随着 2008 年全球金融危机的到来，国务院把住房保障作为扩大内需、应对危机的重要突破口，出台一系列刺激房地产业发展的政策，进一步激发了房价的上涨。在居民对住房的刚需拉动以及土地城镇化和房地产市场投机活动双重推力的共同作用下房价飙升，如图 2－3 所示。2009 年国家相继出台一系列调控房价的政策，在一定程度上抑制了房价的上涨势头。然而，房价过高已成为突出的社会问题，其带来的深层次矛盾已经成为经济社会结构失衡的重要原因之一。

城镇化不是土地城镇化更不是房地产化，房价问题是关系国计民

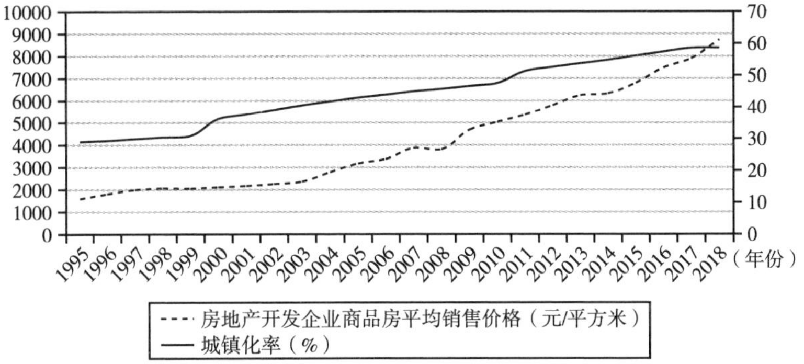


**图 2-3　城镇化率与商品房价格**

资料来源：历年《中国统计年鉴》和中经网统计数据库。

生的基本问题。长期以来，政府主导的城镇化发展模式，导致人口城镇化滞后于土地城镇化，土地无序扩张。2000~2017 年，中国城市建成区面积从 22439.28 平方公里扩张到 56225.38 平方公里，增加了 150.57%，年均增长 5.50%，而在此期间，城市人口增加了 22.3%，年均增长 1.24%，土地城镇化扩张速度远远超过人口城镇化速度，如图 2-4 所示。与此同时，各个地方政府将盖楼修路等基础设施建设作为城镇化的主导方向，而对居民的幸福感和获得感的关怀不足。例如，公共图书馆、执业医师和卫生技术人员数等公共资源较为短缺，如图 2-5 所示。

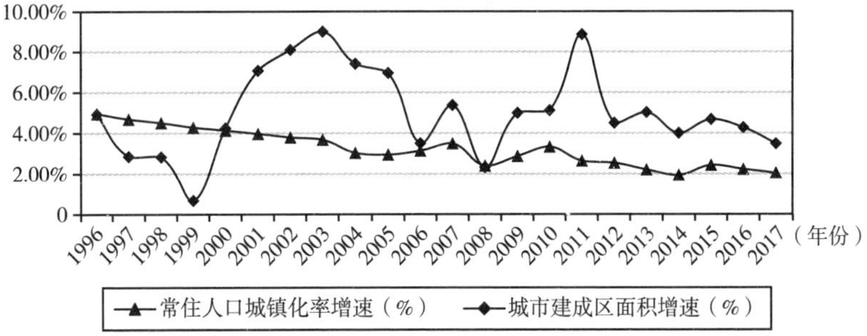


**图 2-4　全国土地城镇化与人口城镇化增速比较**

资料来源：中经网统计数据库。

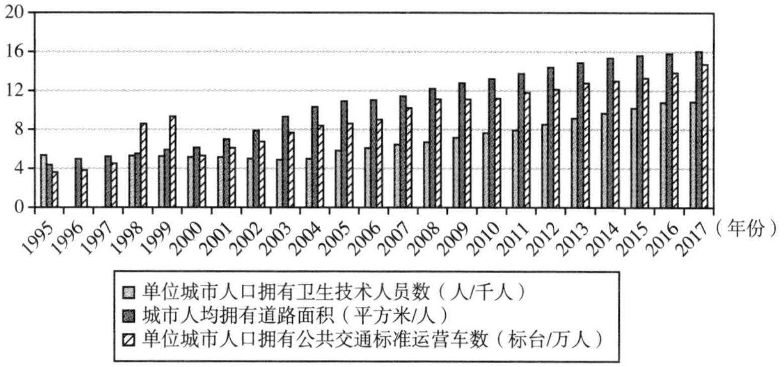


**图 2-5　全国城市公共资源情况**

资料来源：中经网统计数据库。

### （二）城镇化释放了居民自由流动的动能，但也随之出现独有的农民工现象

劳动力作为重要的生产要素，极大地促进了城市经济的发展，为城市建设做出了巨大贡献。在新的全球化背景下，低廉的劳动力成本为中国在全球产业链中博得一席之地，人口红利为中国把握经济全球化发展契机提供了必要的要素支持。改革开放后，伴随着工业化、城镇化和大规模的外资进入沿海地区，在多重因素的共同作用下，大量农民进城务工，出现了规模巨大的特殊社会群体——“农民工”。

农民工问题是中国城镇化过程中的特有问题。2014 年中共中央、国务院印发《国家新型城镇化规划》，将解决好农业转移人口市民化问题作为新型城镇化发展的首要任务。近年来，中国流动人口规模仍处于上升趋势，根据国家统计局《2018 年农民工监测调查报告》的数据显示，2018 年农民工总量 28836 万人，比上年增长 0.6%；外出农民工 17266 万人，比上年增长 0.5%，其中，省外就业 7594 万人，比上年减少 81 万人，省内就业 9672 万人，比上年增加 162 万人[①]。

① 数据来源：国家统计局网站，《2018 年农民工监测调查报告》，http://www.stats.gov.cn/tjsj/zxfb/201904/t20190429_1662268.html.

这表明就地就近城镇化已成为新的发展模式和趋势。农业转移人口市民化对促进城乡劳动力自由流动、提高全社会劳动生产力、增加农民工群体收入、扩大国内消费市场以及维护社会稳定都具有重要意义。统筹考虑城市布局、地域布局和产业布局，从政策、权利、居住、收入、文化等多方面进行体制机制设计，使农民工获得身份、工作、公共服务的市民待遇，并最终实现农民工与城市居民融合，与城市文化生活融合，是农民到流动就业的新移民、再到新市民的本质要求。

农民工及其随迁家属在教育、就业、医疗、养老、保障性住房等方面无法平等享受城镇居民的基本公共服务，城镇内部出现突出的二元结构矛盾，制约了城镇化对扩大内需和结构升级的推动作用，也存在社会风险隐患。当前，为实现农业转移人口市民化，应着重完善公共服务制度，深化户籍制度改革，畅通农业转移人口利益表达渠道，建立适应农业转移人口市民化趋势的公共财政分担机制。完善农业转移人口市民化过程中的成本分担和利益协调，一方面，要深化户籍制度和土地流转制度改革，完善人、财、物在城乡之间的合理流动，引导农业转移人口较快落户城市；另一方面，要努力实现城乡基本公共服务均等化，实现基本公共服务常住人口的全覆盖，降低转移人口享受基本公共服务的门槛，缩小城乡公共服务水平差距。此外，国家积极实行居住证制度等模式探索，使农民工市民化的制度成本不断下降，而住房、教育、医疗等现实成本的增加成为解决农民工市民化问题新的突出矛盾。“农民工”问题的根本解决，既要打破户籍制度壁垒，也要降低城市公共服务建设滞后、教育卫生资源紧张、高房价等生活成本隐性“户籍墙”的影响。

### （三）城镇化激发了经济增长潜能，提高了国民收入，但城乡差距不断拉大

新中国成立之初，中国经济基础极为薄弱，GDP 总量不足 200 亿美元，人均 GDP 约为 23 美元，仅为当期美国人均 GDP 的 2.26%。

1978 年，中国国内生产总值增加到 3679 亿元，占世界经济的比重为 1.8%，居全球 11 位，居民人均年消费支出 151 元，城镇及农村居民恩格尔系数平均超过 60%。2018 年，居民人均年消费支出为 19853 元，比 1978 年实际增长 19.2 倍，居民恩格尔系数 28.4%，比改革开放之初降低 35.5 个百分点。1985～2018 年，中国私人汽车拥有量从 28.49 万辆增至近 2.06 亿辆，增长近 700 倍。国家统计局发布的最新数据显示，2018 年中国 GDP 规模达到 91.93 万亿，占世界经济的比重接近 16%，位居世界第 2，人均 GDP 首次突破 1 万美元。按不变价计算，2018 年国内生产总值比 1952 年增长 175 倍，年均增长 8.1%①。但据国家统计局《2018 年国民经济和社会发展统计公报》显示，2018 年城乡人均收入差为 13139 元、城乡人均消费支出差为 18808 元②，差距较明显，城乡家庭恩格尔系数表明城市居民的消费质量显著高于农村家庭。

新中国成立 70 年，中国农业农村发展取得巨大成就，尤其是党的十八大以来，国家把解决“三农”问题作为经济社会发展的首要任务，然而新的历史条件下，农业生产率低、农村环境治理差、农民增收渠道匮乏等难题依然严峻，相关数据表明，中国城乡居民收入的绝对差距在进一步拉大，如图 2－6 所示，城乡差距已成为制约经济社会纵深发展的结构性难题。农民收入主要来源于农业，市民收入主要来源于工业和服务业，农业与非农产业劳动生产率的差距是城乡收入差距的根源所在。一段时期以来，依托改革开放的制度红利以及信息技术的快速发展，城市各部门要素生产率大幅提升，而二元经济体制下，广大的农村地区不仅没有分享先进信息技术的成果，同时面临资源要素的大量流失。当前，农村基础设施、公共服务、教育文化资

---

① 数据来源：国家统计局网站，《国家统计局关于修订 2018 年国内生产总值数据的公告》，http：//www.stats.gov.cn/tjsj/zxfb/201911/t20191122_1710868.html.

② 数据来源：国家统计局网站，《2018 年国民经济和社会发展统计公报》，http：//www.stats.gov.cn/tjsj/zxfb/201902/t20190228_1651265.html.

源匮乏，一方面对农村居民生产生活产生较大影响；另一方面医疗教育文化等投资具有较强的正外部性，而这些资源的不足会对农村地区的长期发展产生制约。

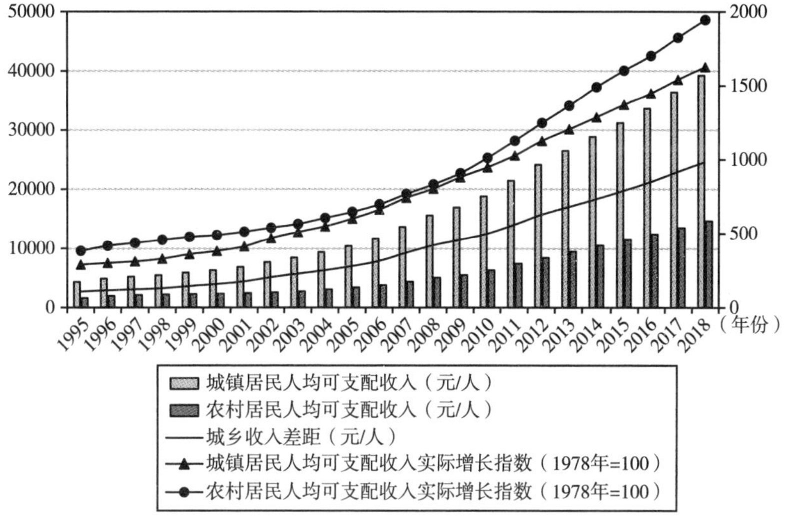


**图 2－6　城乡居民人均可支配收入**

资料来源：中经网统计数据库，折线（除城乡收入差距）为右刻度。

要从根本上解决城乡差距的结构性难题，必须深化制度改革，完善城乡一体化的要素市场，引导要素自由流动，打破劳动、资本、土地从农村到城市的单向流动。土地是农民赖以生存的物质资料，农村土地、房屋等资源变现的渠道无法贯通，农业转移人口承包地经营权、宅基地使用权和集体收益分配权缺乏必要的退出制度安排，均阻碍了农业人口向城市有序转移。当前，只有通过构建城乡统一的要素市场、公共服务和社会治理体系，促进城乡要素、产业、生态、文化等内容的全面深度融合，才能从根本上解决城乡二元的历史性问题。

### （四）快速城镇化推动了经济的高速增长，但粗放被动的模式也使资源环境付出较高代价，“城市病”日趋严重

随着城镇化水平的不断提高，城市经济持续快速增长，城市建设

取得巨大成就，开放型经济不断深化，城镇居民人均收入大幅提高。1994～2018 年，中国城市建成区面积从 1994 年的 17939.5 平方公里增加到 2018 年的 58455.66 平方公里，提高了 225.85%；1995 年城镇固定资产投资 15643.70 亿元，增加到 2017 年的 631683.96 亿元。与此同时，城市能源消耗总量增加了 253.72%，房地产开发投资额增加了 3719.08%。

被动粗放的传统城镇化发展模式造成资源环境压力加大，供需矛盾突出，生态环境遭到破坏，城市可持续发展面临严峻挑战。特别是在大城市，交通、自然环境、住房、教育、医疗等环境资源和公共服务的供给无法满足迅速膨胀的人口的需求，形成各种“城市病”，“人多”“车堵”“内涝”“污染”“房贵”“上学难”“看病难”等现象频发，如图 2－7 和图 2－8 所示。城市居民在感受到城镇化的“中国速度”时，“大城市病”却使居民的生活质量和幸福感并未随城镇化率的上升而大幅增加。城市发展的内在动力来源于城镇化过程中要素的空间集聚效应带来的正外部性，但城镇化发展到一定阶段，在城市资源环境的约束下，拥挤效应带来的社会成本、环境成本、时间成

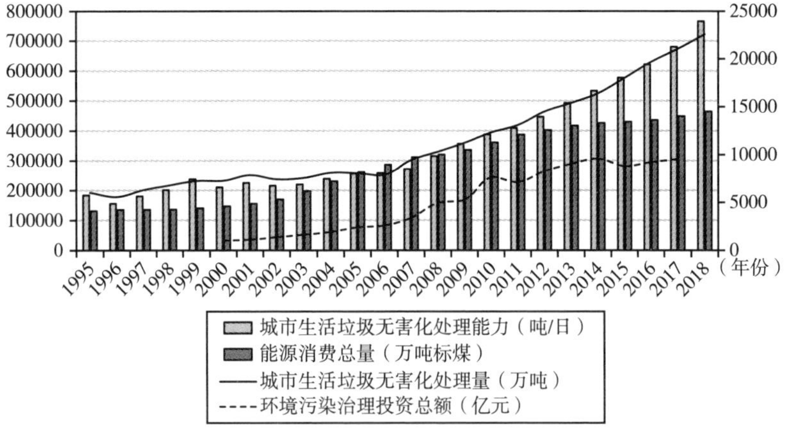


**图 2－7 城市生活垃圾处理、能源消费总量、环境污染治理投资额趋势**

资料来源：中经网统计数据库，折线图为右刻度。

本等负外部性则会制约城市发展。转变城镇化发展模式，因此必须降低资源消耗和“三废”排放，提高资源配置和土地利用效率，坚持生态优先、绿色发展，推进节能、节水、节地、节材工作，走资源消耗低、环境友好、集约高效的绿色城镇化道路。

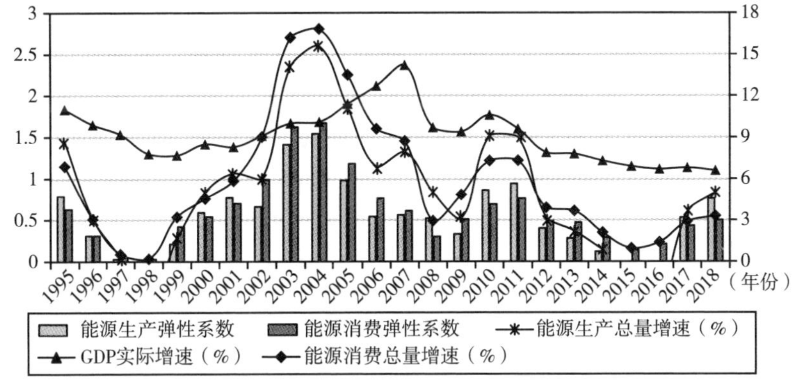


**图 2－8　能源消耗弹性系数、能源生产与消费增速与 GDP 实际增速趋势**

资料来源：中经网统计数据库，折线为右刻度。

## （五）工业化拉动了城镇化快速发展，但产业创新对高质量城镇化发展的支撑力不足

新中国成立 70 年，工业化取得了长足进步。改革开放以后发展进入腾飞期，2010 年工业增加值超过美国，2018 年为 30.5 万亿元（4.58 万亿美元），约占全球的 24%。中国建成全球产能巨大、完整度较高的工业体系，工业主导地位不断提升，走出了一条符合中国国情的工业化道路。目前，中国是全球唯一拥有联合国产业分类目录中所有工业门类的国家。工业生产能力的增强拉动了城镇化的快速发展，但中高端产业发展相对滞后，产业创新对高质量发展的支撑力不足（仇怡，2013）。

中国社科院城市发展与环境研究所发布的《城市蓝皮书：中国城市发展报告 No.8》指出，发达国家城镇化历时相对较长，走的是

“先产业集聚、后人口集聚”的市场化道路。而中国则是政府推动的土地城镇化过程，产业支撑体系不健全，城市产业支撑力相对不足。一方面，造成城市就业压力增大，城市就业岗位的增加无法满足城市新增人口的就业需求，从而制约城镇化发展；另一方面，产业支撑力不足，影响城市的“造血”功能，缺少城市建设资金，城市的可持续发展受到制约。当前，国际经济政治环境日益复杂，经济发展方式转变迫在眉睫，资源环境约束趋紧，传统产业发展已经步入下行通道，因此加快产业结构转型升级，缓解资源环境压力，增强产业对就业、经济社会发展的支撑作用成为当务之急。

产业是城市经济发展的主要载体，城市的发展离不开产业支撑，产业支撑力和竞争力是城市综合竞争力的重要内容。2017 年，中国三次产业结构比重为7.9∶40.5∶51.6，总体呈现出“三二一”的结构，但整体水平偏低、产品附加值低、资源利用效率低、环境污染严重，高端制造业水平相对有限，制造业内部的结构优化问题突出，生产性服务业发展相对滞后，产品研发、物流、保险、金融、中介等服务功能亟待提高。产业发展已经成为制约中国长期发展的突出问题。从国家战略来看，提升制造业竞争力是未来一段时期中国经济发展的主要任务。创新是引领发展的第一动力，产业的发展离不开技术进步。2017 年中国 R&D 经费投入总量 17606.1 亿元，位列世界第二，约占世界第一美国的60%，但研发投入强度相对创新型国家较低，企业研发投入的行业分布和区域分布不合理，主要集中在计算机通信、电气机械和器材制作、汽车制作、化学原料和化学制品制作、通用设备制作等领域，以及北京、上海两大中心，非制造业研发投入占比仅为 14.9%，远低于美国 33.1% 的水平。2018 年规模以上工业企业有效发明专利数 109.42 万件，规模以上工业企业高技术产业机构 R&D 机构数 6399 个，较上年有所减少，经费支出 2912.53 亿元，同比增长 10.13%，如图 2－9 至图 2－11 所示。

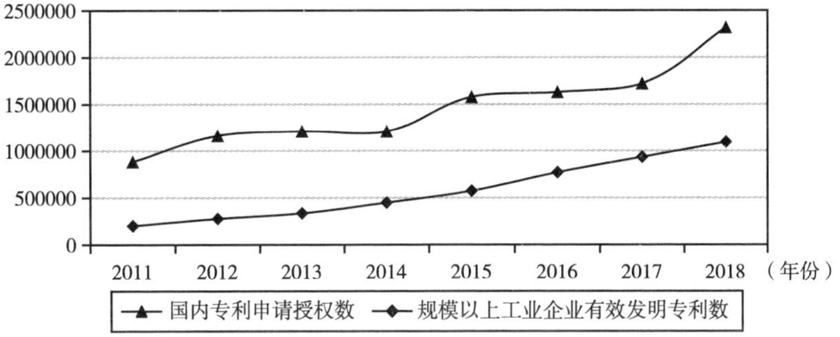


**图 2－9　2011～2018 年全国专利授权数**

资料来源：中经网统计数据库。

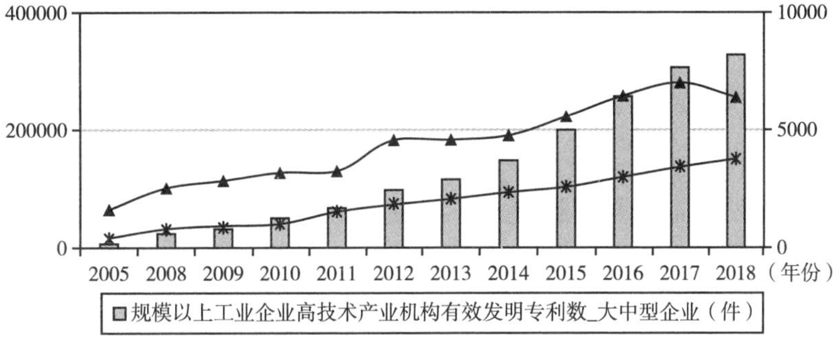


**图 2－10　规模以上企业高技术产业有效发明专利、R&D 机构数、新产品开发经费**

资料来源：中经网统计数据库，折线为右刻度。

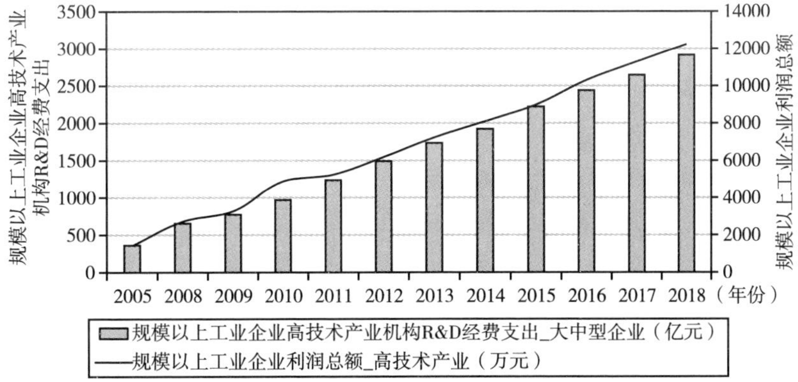


**图 2－11　2005～2018 年规模以上企业利润、高技术产业 R&D 经费支出额**

资料来源：中经网统计数据库。

## 第三节　我国城镇化发展趋势分析

城镇化发展是一个自然历史过程，有其自身规律，“新型城镇化”这一中国式命题，是中国现代化建设的大战略和历史性任务，也是转变经济发展方式、实现经济高质量发展的必经之路。未来，在向“两个一百年”奋斗目标迈进的征程中，中国城镇化的基本趋势是：2020 年城镇化率将达到 60% 以上，城乡深度融合发展；2035 年城镇化率将达到 70% 以上，进入城镇化成熟阶段，城乡一体化发展格局逐步显现；到 21 世纪中叶，中国将建成现代化强国，实现城乡一体化发展。未来，中国城镇化进程将呈现以下趋势。

### （一）城市综合承载能力不断提升，实现由“单个城市—城市圈—城市群—城市带”到“城市域”的转变

由“单个城市—城市圈—城市群—城市带”再到“城市域”的转变，是城镇化空间载体的演变，而这一过程中城市对人口、经济、交通、环境和资源的综合承载力提升，则是城镇化内涵式发展的重要表现。城市代表了先进生产力和高质量生活，人口由乡村向城市转移的过程，既是市场配置资源下城市在就业和收入方面规模效应的体现，也是人们追求美好生活的客观要求。城市的内涵发展突出表现为城市承载力水平的提升。城市承载力是基于可持续发展哲学观，城市利用自身资源、智力、技术等条件，在保证符合其社会文化准则的物质生活水平条件下，城市的资源禀赋、生态环境、基础设施和公共服务对城市人口及经济社会活动的承载能力。既体现了物质层面的自然环境资源承载力，如水土资源、环境容量、地质构造等，也包括非物质层面的城市功能承载力，如城市吸纳力、包容力、影响力、辐射力和带动力等。它与城市的资源禀赋、经济与技术水平、社会选择和价

值观念等密切关联。完善的基础设施和公共服务体系符合人的城镇化发展的客观要求，也是吸引人才、创新驱动发展的重要条件。高质量的新型城镇化尤其体现在实现更高质量的以人为核心上。当前，中国的基础设施及公共服务水平相对较低，与城镇化发展的速度以及经济高质量发展的要求不匹配。公共服务配置仍以传统的千人指标为基准，忽视了公共服务体系数量、质量与人口数量、分布、结构的耦合关系与配置效果。

从单个城市到城市圈、城市群、城市带抱团发展，再到以城乡融合为特征的“城市域”发展是经济发展的自然演变过程，“城市域”是城市社会发展的最高阶段，也是人口、资源、公共服务等内容在空间上实现优化配置的过程，城市综合承载能力不断提高，从而最终实现以“城市域”为空间特征的经济社会存在和发展形态。城市域就是城市的区域，既包括传统意义上的城区，也包括周边乡村地区，它是打破城市原有的地理界限，按照功能划分和角色定位形成的城市经济社会有机系统，是将城市文化与文明延伸到乡村，是城市辐射与扩散功能充分发挥的结果。城市群的抱团发展将带来两个方面变化：一方面，城市之间的竞争与合作日益增强，博弈的结果是以中心城市为核心的塔式城市联盟得以建立，以区域分工合作机制强化为特征，为城市域的建立奠定基础；另一方面，通过以工哺农、以城带乡政策的实施，城市对农村的辐射力不断增强，城市文化与文明加速向农村传播与扩散，周围农村逐渐与城市融为一体，成为城市域的重要组成部分。

### （二）为适应新的经济形势和资源环境，满足人们对城市美好生活的向往，海绵城市、卫星城市、智慧城市、特色小镇等新型城市类型不断涌现

党的十九大报告提出“现代化是人与自然和谐共生的现代化，坚持节约优先、保护优先、自然恢复为主的方针，形成节约资源和保

护环境的空间格局、产业结构、生产方式、生活方式”。在新的经济发展形势和目标要求下，为应对环境交通问题，涌现出海绵城市、卫星城市、智慧城市、特色小镇等新型城市类型。2013 年 12 月中央城镇化工作会议要求建设自然积存、自然渗透、自然净化的海绵城市。城市在适应环境变化和应对雨水带来的自然灾害方面具有良好“弹性”，有利于修复城市水生态、涵养水资源，增强城市防洪能力，提高新型城镇化质量，促进人与自然和谐发展。

卫星城市是指在中心城市外围建设的人口较少、规模较小，与中心城市功能联系紧密的城镇。建设卫星城市的主要作用在于分散城市的工业和人口，避免城市过分膨胀，使大城市发展得更为合理、健康、平衡、协调。按城市功能可分为生活城、工业城、文化城、科学城等类型。卫星城市与中心城市的生产、生活等方面既有联系，又有一定独立性。

当前，交通拥堵、环境恶化、资源短缺等城市问题频发，面临这些问题和挑战，运用新的技术手段探索新的路径和模式，借助信息技术打造智慧城市，以物联网、云计算等信息技术及社交网络、购物网络、互联网金融等综合集成工具和方法的应用，能够对生产、生活和城市管理实现感知。智能融合应用于全方位、全体系、全过程创新的城市形态，既是城市服务和管理技术的创新，也是理念和模式的创新。

特色小镇是在新的历史时期、新的发展阶段的创新探索和成功实践，是生产、生活、生态“三生融合”；产、城、人、文“四位一体”的新模式，是城市的一种新业态。习近平总书记指出：“抓特色小镇、小城镇建设大有可为，对经济转型升级、新型城镇化建设，都具有重要意义。”特色小镇商业发展不仅要关注产业升级，更要关注城市生活品质的升级。一是要完善设施配置，通过多元化配套体系来满足小镇自给自足的商业需求；二是要开展成功的商业项目运作，拥有运营系统完善的商业项目有助于增强小镇的综合吸引力；三是要打造高品质的特色商业产品，使之成为特色小镇风貌的缩影和城市文化的标志。

### （三）城乡一体化政策指导城乡一体化实践，推进城乡深度融合发展

习近平总书记指出："如何处理好工农关系、城乡关系，在一定程度上决定着现代化的成败。"① 党的十九大报告指出，中国的主要矛盾已经转变为"人民日益增长的美好生活的需要和不平衡不充分发展之间的矛盾"。城乡融合是全面建成小康社会和实现现代化目标的应有之义，但城乡之间的不平衡性尤为突出，城乡发展失衡问题已成为当前中国经济社会面临的最为突出的结构性难题。党的十六大，国家做出统筹城乡发展的战略调整，此后，基于城乡发展的不同现实，国家做出相应战略部署。党的十九大提出要建立健全城乡融合发展体制机制的战略决定，这意味着新时期中国城乡关系面临新的任务和目标。

从发达国家的经验看，城乡二元化是城镇化发展的必经阶段。高质量的城镇化发展目标要求一方面在规模效应和集聚效应的作用下城市经济得到发展；另一方面，城市不能成为要素"黑洞"，致使农村由于要素流出、资源短缺而无法持续发展，城乡融合的重点在农村。新中国成立 70 年，农村地区经济社会发展取得了巨大成就，但问题依然突出。一是农村基础设施和公共服务水平存量低，增速相对有限，教育、医疗等公共资源的城乡配置差距较大；二是农业生产率低，农产品附加值低，农业产业链短，产品竞争力较弱，农民增收的长效机制有待完善；三是农村环境治理差，生活垃圾处理能力亟待提高，农村的环境治理将直接决定中国整体的生态环境质量。此外，城镇化过程不仅要普及城市文明，更要注重优秀乡村文化的传承和

---

① 新华网，《习近平在中共中央政治局第八次集体学习中的重要讲话》，http://www.xinhuanet.com/politics/leaders/2018-09/22/c_1123470956.htm.

保护。

乡村振兴战略，一方面加速农村产业、要素与城市的对接，真正实现中心城市以第三产业为主、中小城市以第二产业为主，农村以第一、第二、第三产业融合为主的良性发展道路；另一方面，农村通过治理，吸纳城市的先进生产力，吸收城市的先进文化与文明，真正实现农业强、农村美、农民富的振兴目标。城乡融合如同城乡统筹一样，具有阶段性特征，当城乡融合取得实质性进展时，政府应超前谋划城镇化相关政策，适时出台城乡一体化政策，如没有身份差别的城乡一体化户籍制度——居住证制度，城乡一体化的就业、养老、保险制度等。制度先行是道路自信的重要保障，能够为城镇化发展指明方向，城镇化的高级阶段——城乡一体化必将实现。

### （四）城市治理体系和治理能力日趋完善，制度创新激发城乡要素自由流动，农村与城市开始融为一体

中国共产党第十九届中央委员会第四次全体会议通过的《关于坚持和完善中国特色社会主义制度、推进国家治理体系和治理能力现代化若干重大问题的决定》指出，要坚持和完善中国特色社会主义制度、推进国家治理体系和治理能力现代化建设①。以加强和完善顶层设计为制度保障，努力实现以市场机制为主、政府管理为辅、社会组织和群众积极参与的城镇化发展格局。市场要发挥资源配置的决定性作用，释放城镇化对经济发展的正外部性，就必须打破地区间行政壁垒，实现要素自由流动，提升要素配置效率。行政壁垒是各地方政府以行政区划为“依据”和“准则”，为实现区域内利益最大化，对市场活动进行的不合理干预，行政边界的存在会阻碍地区间社会、经济、文化交流，导致不同区域消费行为（包括欲望、能力、偏好）的差异，并成为市场分割产生的原动力；地区间缺乏联动协同发展的

① 新华网，《中国共产党第十九届中央委员会第四次全体会议公报》，http://www.xinhuanet.com/2019-10/31/c_1125178024.htm.

观念和具体举措，将导致各地产业趋同、发展潜力不足、恶性竞争等现象突出；同时，在不同程度上提高区域间的流通成本和交易费用。当前，顺应经济发展的客观要求，以经济区划弥补和弱化行政区划，用市场资源配置的“无形之手”和政府管理及服务的“有形之手”共同作用，打破行政垄断和地方保护，促进要素的自由流动，有助于更好地实现市场对资源配置的决定性作用。正如陆铭等（2009）所揭示的，为了在短期内实现本地区经济增长，超过95%的省份更加偏好于实施市场分割策略。地区之间只有打破行政边界对经济社会发展的隐形阻碍，才能更好地释放城镇化的正外部性。因此，有必要通过交通基础设施建设、新农村建设、扩大内需等措施，加强政府间沟通与协作机制建设，打破要素市场、产品市场分割，降低地区间要素转移成本及产品交易费用。

二元化制度阻碍了城镇化的健康发展。现行的户籍管理、土地管理、社会保障、财税金融、行政管理等制度，在一定程度上固化了已经形成的城乡利益失衡格局，制约了农业转移人口市民化和城乡一体化发展。未来城镇化不是简单的农民身份到市民身份的转变，更重要的是产业结构、就业方式、人居环境和社会保障等内容由“乡”到“城”的转变，其中制度创新是新型城镇化得以实现的重要保障。如何通过制度创新，让农业转移人口公平地享受城市发展的成果，如何通过制度设计让农村居民在城镇化和农业现代化过程中过上幸福生活，让城市居民在国家经济高速发展的同时，享受城市生态文明，始终是城镇化发展的根本任务所在。当前，在推动城镇化发展的过程中，要进一步深化改革，创新体制机制，充分发挥市场作用，统筹推进城镇化在人口管理、土地管理、财税金融、住房保障、行政服务、生态环境等领域的体制机制改革，破解城镇化发展的制度约束；要建立完善的合作机制，推动政策改革，将单方面倾向性政策转变为整体均衡联动性政策，并根据实际情况进行动态优化调整；要优化开放经济环境和制度环境，着力构建有效的对外开放新格局；要鼓励和支持地区之间、企业之间、产业园区之间构建合作机制，推动地理位置相近、产业和资源禀赋互补的地区或产业园区融合发展，探索共同管理的合作模式，提高创新水平与发展效率，建立互利共赢的利益分享和成本分担机制。

党的十九届四中全会指出："中国特色社会主义制度是党和人民在长期实践探索中形成的科学制度体系，我国国家治理一切工作和活动都依照中国特色社会主义制度展开，我国国家治理体系和治理能力是中国特色社会主义制度及其执行能力的集中体现。"城镇化过程不仅是对城市和农村内部的治理，也是城乡关系的治理，新中国成立70年来，我们走过了一条从城乡歧视、城乡联系、城乡协调、城乡统筹到城乡融合，再到城乡一体的制度设计道路，其核心是以城乡要素流动为制度出发点，在经历农村价格"剪刀差"政策、允许农村要素进入城市政策、农民工进城政策、以工哺农以城带乡政策后，城市经济取得了空前发展，受城市综合承载力约束和乡村振兴发展战略驱动的双向影响，农村要素单向流动的趋势逐步放缓，城乡要素自由双向流动的趋势日益增强，市场对资源优化配置的作用不断提高，城市与农村在资源配置中开始融为一体。

# 第三章 理论模型构建

# 第一节 理论基础

## 一、城镇化与经济发展理论

### （一）发展主义的观点

第二次世界大战结束以后确立的国际政治经济秩序，其中也包含着发达国家发展经验的经济理论的传播。这些经验提供了一种具有较强吸引力的发展路径，即经济社会在从农业社会向工业（现代）社会转变中实现自我的转型升级。

Rostow 的经济发展阶段模型为经济处于起步阶段的经济体描绘了一幅生动的经济进阶之路。传统社会由于技术和资源相对有限，同时经济社会各“元素”处于相对静止状态，经济较不发达。随着经济利益的激励，以及外部影响因子活跃度增强，工业活动开始萌芽，与此同时，也对农业（天然物生产业）开始了原始剥削，这也为工业发展创造了先决条件。此后随着物质的丰富，诸如公路、桥梁等基础设施的发展以及社会精英的出现，为制造业发展奠定了基础，而制造业的大规模生产衍生了现代社会所必需的管理职能和政治属性。随着更为广泛的工商业发展，经济开始迈向成熟阶段，在比较优势的国际贸易准则下，带动了高级大规模的消费。

Myrdal 的循环累积因果理论，在参照欧洲经济发达地区城镇化模式下，探讨了核心区外围的边缘地区发展问题。其核心思想是：一个地区经济发展到一定水平时，会产生较大的物质需求，这些需求无法实现本地区生产，必须寻求外部力量，而这种需求为外围边缘地区发展提供了机会，为廉价的土地和劳动找到了出路，正是这种“扩散效应”带动了边缘地区经济社会发展，实现了核心—边缘地区发展的良性循环累积。具体来说，核心地区人口和产业扩张，吸引了资金和企业开发，带动了本地区商品和服务需求，同时服务业的扩张有助于本地区产业发展，随着社区财富的增加，税收得到保障，政府能够提供更多基础设施、医疗、教育等服务，这也带动了新的产业布局的发生。此后，Hirshman 提出了涓滴效应，Perroux 则强调推进型产业在宏观经济增长过程中的重要作用，指出推进型产业作为增长极，吸引相关产业发展，产生集聚效应，进而带动整个经济发展。

发展主义的思想在实践中指导了一些地区公共政策和经济实践，然而，现实中，鉴于各个国家资源禀赋、社会环境、政治文化、技术水平等方面的差异，是否都沿着工业化社会这一发展轨道？至今，这一问题仍需要我们深入思考。欠发达地区发展落后的事实和经验表明，核心地区发展的先发优势明显，其技术、资本甚至是文化等重重壁垒，使得欠发达地区发展并没有产生预期的效果。

### （二）城市偏向与经济发展

“城市偏向”这一术语，对于研究我国经济发展具有特殊的经济内涵。这为我们深刻理解当前城乡差距提供了必要的理论逻辑。

1977 年 Michael Lipton 在其著作《为什么穷人依旧贫困：世界发展中的城市分异》一文中提出了城市偏向这一概念，揭示了政府在税收、商品价格、土地利用、公共资源分配等过程中更有利于城市发展。城市偏向往往造成城乡发展差距的拉大，这成为农业人口迁移的巨大诱因，同时存在继续拉动差距的风险。此外，城市偏向还指政策向大城市倾斜，忽视中小城镇发展，而国外发展历史和经验也表明，城市偏向政策导致城市体系建设往往脱节，中小城市成为大城市的依附品，甚至成为“剥削”的对象，传统经济理论模型中关于中心—外围，扩散效应、辐射效应的解释，在现实发展中遇到了挑战。

### （三）农业人口转移问题

学者们对城镇化的定义不尽相同，从不同角度阐释城镇化的特征、影响因素、测度方法等内容，农业人口转移或者称其为农村到城市的移民是城市发展历史的关键性因素。而农村—城市移民的主要原因在于，相对于农业生产的规模小且分散、生产周期长、农产品需求缺乏弹性等内在特征，工业生产（城市集中）回报率相对更高，服务业和制造业生产率水平较高，能够支付更高的工资，进而吸引了人口城乡转移。

## 二、区域发展相关理论

城镇化一直是城市与区域经济理论研究的重点，西方关于城镇化问题研究相对较早。二元结构理论、集聚理论、中心边缘理论和新兴古典经济学的“分工演进”理论分别对城镇化的发生机制做了解释。在实践领域，霍华德、麦吉等人提出了田园和“Desakota”的城乡一体化模式。

### （一）区位理论

区位理论作为城市与区域经济发展的理论基础，重点研究人类生产、生活、教育、政治、文化等活动的空间选择，一定时期内，基于规模效应、集聚效应、运输成本等方面考虑，产业、企业、要素、技术在空间上呈现出集聚特征，但随着集聚水平的扩大，城市要素的边际报酬开始下降，环境治理成本提高，以及社会公平的迫切要求，要素回流势必发生，城市和乡村空间格局不断演变。

1826年，杜能在产品地租只与运费有关的“杜能条件”假设下，分析了农业时代农业生产活动的地域配置，即满足土地收益最大化的农业经营活动，本质上受到距离城市远近所决定的农业活动的空间分布影响，笨重而体积大的作物或易于腐烂的新鲜产品应当种植在距离城市较近的地方，距离城市越远，则应种植相对于农产品价格而言运费更少的作物，杜能第一次较为系统地研究了空间摩擦对人类经济活动的影响，这也为土地利用奠定了一般理论基础。

19 世纪末期，伴随着产业革命的发展，工业的快速扩张带动了大规模的产业工人涌向城市。1909 年，韦伯（Alfred Weber）在其著作《工业区位论：区位的纯理论》中将工业区位发展分为三个阶段：一是由运输费用决定的基本工业区位的地理空间格局；二是在运输费用指向决定前提下，向劳动力成本指向的偏移；三是在运输费用和劳动力成本指向决定的工业区位格局下发生的集聚指向偏移。这些解释了工业化过程中资本、人口、产业向城市集聚的驱动机制和空间特征，但遗憾的是这种分析更多的是抽象、孤立因素的静态演绎。其后，俄林、伊萨德、廖什等人对工业区位理论进行了有益的补充。1940 年，胡佛·伊萨德首次针对最低成本和最大利润原则的厂址选择问题，开启了工业区位理论的微观视角。商业区位论通过探讨商业布局与生产成本、运输成本的关系，研究商业机构及其活动过程的空间分布，商业活动应当服务于生活，具有资本和劳动可进入性较强、分布较广的特点，商业活动多集中在经济发达、人们消费倾向较高的地区。

### （二）非均衡发展理论

经济活动之间具有一定的相关性。不平衡发展理论认为重点产业和重点地区对资源配置效率提高具有重要的推动作用，其重要政策启示在于，不平衡增长道路对于处于技术、资本稀缺的初级阶段的发展中国家和地区而言，更具吸引力，同时指出，经济在市场的作用下实现自发收敛是非常困难的，当市场趋向于产生极化时，政府干预是必要的。平衡发展论者并非完全否定不平衡发展观，而是认为区域不平衡现象具有一定的时间阶段特征，当经济社会发展的一定水平时，不平衡问题最终会得以解决。两种发展理论争论的焦点主要集中在发展的自主权、优惠的税收政策、资源的集中投入等方面。需要指出的是，区域经济探讨的均衡与非均衡问题强调地区内部及地区之间经济结构和空间结构的均衡发展问题，这不同于经济学原理中要素、商品价格、效用、利润决定的均衡与非均衡讨论。

1955 年，法国经济学家佩鲁（Perroux）在《增长极概念的解释》一书中提出增长极理论，此后，法国经济学家布代维尔（Boudeville）、美国经济学家弗里德曼（Friedmman）和赫希曼（Hischman）、瑞典经济学家缪尔达尔（Myrdal）等人，从不同视角对这一理论进行了丰富和发展。其核心思想是增长并非同时出现在所有部门或地区，不同部门或地区增长速度存在差异，发展的不均衡性很难避免，而主导部门产生辐射效应，带动周边部门和地区得以发展。佩鲁的发展极概念，不仅强调经济社会结构的优化，也关注文化意识上的提高。赫希曼的不平衡增长理论的两大贡献在于，一是指出区域增长往往要以牺牲区域均衡为代价；二是发达地区与落后地区存在“极化”效应和“涓滴”效应，其核心思想与缪尔达尔的“回流”效应和“扩散”效应基本一致。极化效应指由于地区间要素收益率差异引起的要素由落后地区向发达地区集聚的现象。

1966 年，美国学者弗里德曼（J. Friedmann）在其著作《区域发展政策》中提出了“核心和边缘”理论以解释区域空间的演变，阐释了区域间由互不关联、孤立发展，变成彼此联系、发展不平衡，再到相互关联平衡发展的过程。波兰经济学家萨伦巴和马利士提出了点轴开放理论，认为在资金要素紧缺的前提下，生产要素交换需要交通线路等相互连接组成轴线，以轴线进行人口、产业集聚，带动周边地区经济发展，集中建设据点，同时培育新的增长点，点—轴呼应形成有机系统。

### （三）二元经济城市化发展理论

1955 年，美国经济学家刘易斯（Lewis）在其著作《经济增长理论》一书中较为系统地提出了二元经济结构理论模型，通过工业与农业部门间存在的劳动生产率差异，揭示二元经济产生的根源，而破解的根本则在于城乡发展水平的不断缩小。1961 年，费景汉（John C. H. Fei）和古斯塔夫·拉尼斯（Gustav Ranis）在刘易斯模型基础上，指出农业生产率的提高为农业剩余人口向工业部门转移提供了先决条件。刘易斯 1954 年在《劳动力无限条件下的经济发展》一文中指出，传统农业部门劳动力无限供给构成了二元经济的内在特征，在这一过程中，假定工人工资不变，劳动力转移边际成本为零，工业部门的效率高于农业，同时，工业部门的高利润全部转化为投资。刘易斯二元经济理论中隐含的假定，劳动力转移顺畅，劳动力同质，城乡资源自由配置，该理论对农业重要性的抹杀为学者们所诟病。“刘易斯—拉尼斯—费景汉”模型关注农业本身的增长以及工农业协调发展对宏观经济增长的重要性。乔根森放弃了剩余劳动和不变资本的假定，农业转移劳动力具有正的边际产出，从而肯定了农业发展对工业部门的重要作用。托达罗认为城乡预期收入差异是农业人口迁移的主要原因。对于很多发展中国家而言，廉价劳动力是其经济腾飞的一个要素，但以劳动力无限供给为主要特征的“初始阶段”与劳动力和资本共同分配增长利益的阶段交接的交点，即“刘易斯拐点”，在许多包括我国在内的国家经济增长现实中得到证实。作为农业大国、人口大国，“刘易斯拐点”的显现往往被认为是“人口红利”消失的前兆。

### （四）城乡融合理论和思想

19 世纪末，英国人霍华德提出“城乡融合”的田园城市理论，指出城市具有一种“磁力”吸引人口向城市聚集，但伴随工业化、城市化进程的推进，出现公共卫生、交通拥堵、住房短缺、贫困失业等社会问题，因此他提出“田园城市”的思想，让城市外围有一定绿地，城市与农村相结合，城乡作为一个整体，对资金、土地、财政实行统一管理，这一思想对城市规划与管理都具有重要的启示意义。霍华德的田园城市思想在于构建福利型的“社会城市”这一理想目标，然而实践中却难以推广。20 世纪中叶，加拿大著名学者麦吉（J. G. McGee）通过对亚洲国家发展实践进行实证分析指出，亚洲城乡结构演变有其自身特征，其城乡关系相对密切，地域界限相对模糊，麦吉把这种区域混合发展的复杂体系模式称为“Desakota”（在印度语中，desa 即乡村，kota 即城市）。

### （五）新马克思主义城市化理论

新马克思主义城市化理论运用马克思、恩格斯的基本思想，将阶级冲突引入城市发展理论中，其具有代表性的包括：20 世纪 60 年代末 70 年代初，法国社会学家卡斯特尔斯提出的“集体消费论”，认为城市居民的聚集形式构成集体消费的组织或条件，并将此与城市特征有机联系起来；大卫·哈维应用马克思历史唯物主义建立“资本积累论”，认为应当以动态和多维的眼光看待城市化和资本积累。此外，新马克思主义者突破了传统西方国家阶级关系和依附性模式的局限，分析了城市化和阶级关系产生及变化的条件。世界城市体系理论基于全球中心、半边缘和边缘地区的划分，认为资本主义世界体系运转的根本在于中心和边缘地区之间长期横向分工和资本积累的运动所产生的不等价交换体系，新马克思主义者提出“新的国际劳动分工”“劳动的空间分工”等概念，描述分析了中心和边缘的关系。

城镇化相关理论如表 3 - 1 所示。

**表 3 - 1　　城镇化相关理论梳理**

| | |
|---|---|
| 均衡增长理论 | 罗森斯坦·罗丹（1943）：大推进理论 |
| | 纳克斯（1953）：贫困恶性循环论 |
| | 索罗和斯旺（1956）：区域经济增长在地域空间上趋同 |
| 非均衡增长理论 | 佩鲁（1950）：增长极理论 |
| | 缪尔达尔（1957）：循环积累因果理论 |
| | 赫希曼（1958）：“极化—涓滴”理论 |
| | 弗里德曼（20 世纪 60 年代）：“中心—外围”模式 |

续表

| | |
|---|---|
| 非均衡增长理论 | 威廉姆森（1965）：倒“U”形理论 |
| | 梯度推移理论（20世纪60年代） |
| | 地域生产综合体理论（苏联主要生产力布局理论） |
| | 阿罗（1962）：内生技术进步 |
| | 罗默（1986）：知识溢出 |
| | 卢卡斯（1988）：人力资本 |
| | 巴罗和萨拉·艾·马丁（1991）：递增收益 |
| | 克鲁格曼（1991，1995）：融合空间向度的经济增长理论模型 |
| 经济发展阶段论 | 克拉克（1930）：三次产业 |
| | 熊彼特（1930）：三个长周期、四阶段（采用—增长—成熟—下降） |
| | 胡佛（1949）：五阶段（自给自足—乡村工业—农村结构调整—工业论—服务业） |
| | 罗斯托（1960）：六阶段（传统社会—起飞前—起飞—成熟—高额群众消费—追求生活质量） |
| 产业集聚 | 马歇尔（1890，1916）：提出了产业空间集聚 |
| | 斯科特（1983，1988）：新产业区 |
| | 马库森（1996）：五种产业集聚类型 |
| | 迪肯（1998）：产业链的存在导致产业集群的地理集中 |
| | 波特（1990，1994，1998）：产业集群理论、钻石模型 |
| 区域创新系统 | 萨克森宁（1994）：创新环境分析 |
| | 库克（1996）：区域创新体系 |

## 第二节　城镇化提升经济效率的机理解释

中国已经进入“城市社会”时代。新的历史时期和发展阶段，本书将西方城镇化发展理论与中国城镇化实践经验相结合，对中国全域城镇化发展格局进行全面、系统规划，使之形成全域城镇化网链体系，规划和建构“合纵连横”式的流域城镇化带。在“人与自然和谐为本”的理念指导下，本书建构“智慧、共享、开放的新型城镇化”发展模式。从中国区域差异过大的国情实际出发，本书创新区域性城镇化的分类指导策略，采取“多种城镇化道路并举”的战略，注重理论与战略应用的系统性、层次性和分类指导性，不同地区的城市可根据市情和区性，或并用并举，或分类分层应用，或单一建构。通过“有机城市秩序”的建构，实现中国传统文化中“和谐共生”的城市发展理念。

总体来看，新型城镇化的科学内涵包括三个方面：一是在价值层面，以人为本是新型城镇化的本质要求，即以科学发展、重在质量的城镇化建设为人民生产生活的现代化创造条件，为人的自由全面发展创造条件。二是在功能层面，作为衔接现代化中期与现代化后期的战略工具，新型城镇化需要在与其他新三化同步协调中整体推进。这既是对原有城镇化政策的重大调整，更使其上升到战略地位，赋予其兼具过程性与目标性。三是在操作层面，新型城镇化建设的关键在于土地、资金、技术等要素的市场化配置，以及与户籍相关的社会保障和公共服务制度改革，这些不仅关乎改革利益“蛋糕”的存量分配，也对未来不同主体的经济效益增量产生较大影响。

新型城镇化涉及经济、社会、交通、环境、资源等多个维度和领域，这为提升经济发展质量提供了重要条件，如何将新型城镇化战略嵌入经济结构转型发展路径中，其机制如何？为此，需要密切关注新型城镇化三大功能。

一是资源配置。新型城镇化需要逐步走出城乡以及区域间显著的非均衡资源分配模式，制度或资本的单向度支配，贻害全社会的有序转型和和谐发展。新型城镇化强调地区、产业、行业、群体以及城乡之间资源配置的均衡性，促进要素报酬的公平性和均等化，在传统城镇化发展模式中，资源配置在效率和公平上难以权衡。新型城镇化是对城乡经济社会发展的系统性改造，对转型发展方式具有重要作用。同时，城镇化究其本质而言，脱离了经济社会发展的工具属性，它既是解决当前人民对美好生活的向往与社会不平衡、不充分发展之间矛盾的现实表达，也是破解这一难题的综合性改革制度安排。

二是利益整合。社会主义现代化国家的实质就是要有效解决“谁得到什么、何时和如何得到”的问题。利益格局往往决定发展质量。面对各种思想和文化的碰撞，以及互联网带来了传播速度的加快，社会涌现出新的思潮和力量，在传统城镇化发展中，尤其是城乡利益格局一定程度的撕裂和分化，社会各阶层对于利益整合的诉求，迫切需要制度化的国家战略层面予以回应，新型城镇化既是经济社会持续发展的驱动力量，也是化解改革风险、系统性开展社会治理的重要抓手。新型城镇化应当加强能动政府、高效市场、有序社会联动格局的构建，从而形成资源互补、功能内洽的有机经济系统，实现区域、城乡、群体间利益的再平衡。

三是人本价值回归。城镇化发展的核心是人，实现就业方式、人居环境、社会保障等内容的科学发展，最终目标是满足人们对于美好生活的向往和追求。现实表明，中国的城镇化是在不断探索和经验总结的基础上发展起来的，在传统中发展，同时寻求破除传统桎梏，城镇化发展已然进入了发展攻坚阶段。传统模式带来了一系列问题，缺乏现代性的深度构建是造成这些问题的重要原因之一。社会越是发达其异质性特征越发突出，新型城镇化以习近平新时代中国特色社会主义理论为思想内核，具有深厚的理论基础和现实依据。在社会实践“结构性巨变”的当下，新型城镇化既是城镇化这一变量内部结构自洽过程，也是经济、政治、文化、生态、环境等多领域发展模式重构的过程。不仅要有效应对转型期浅表层的“中等收入陷阱”，更需要结构性地规避“转型陷阱”，这一过程是有力促进人的全面发展的过程。

城镇化促进经济效率机理如图 3-1 所示。

本书在深刻阐释新型城镇化科学内涵的基础上，在全面反映新型城镇化以人为本的核心理念指导下，提出以市场主导、产业承载、空间转型、制度保障、环境倒逼为根本动力，实现人本价值回归、利益整合、资源配置、结构平衡的城镇化驱动经济高质量发展的机制。

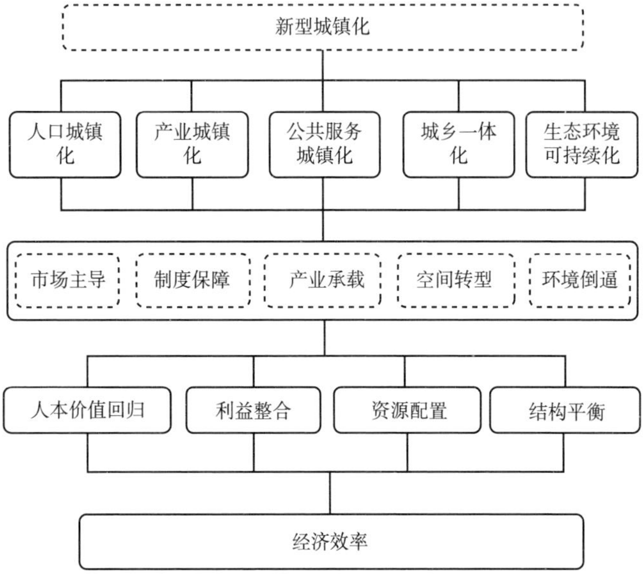


**图 3-1 城镇化促进经济效率机理**

### （一）人力资本提升，创新驱动经济高质量发展

人力资本水平的提高和技术进步对经济增长及效率提升的作用已经得到证实。熊彼特的“创新理论”为实现经济快速持续发展奠定了学源基础。新的历史时期和发展阶段，由投资驱动、要素驱动向消费驱动、创新驱动转变，这是经济高质量发展的根本要求。城镇化过程中人口、产业、资本、技术等生产要素在空间上不断集聚，这有助于劳动力共享和技术进步，人力资本通过“干中学”不断积累，在知识外溢的正外部性作用下，驱动创新的同时有助于技术的应用和推广。

由于城市基础设施、公共医疗卫生服务等物质条件和社会文化生活软环境相对成熟，更有利于人力资本积累，因此，城市人力资本水平往往高于农村地区。舒尔茨（1960）研究证实人力资本积累是现代经济增长的关键因素，对提升经济效率也发挥了重要作用。人力资本是现代经济增长的源泉，此外，人力资本往往与收入呈正比例关系，人力资本越高收入也越高，从总体上来看，收入水平的提高增强了人们的消费能力，消费结构影响产业结构，而产业结构升级则有利于推动技术进步，进而提升经济效率。姚先国（1997）认为，人力资本水平的提高还可以显著增强人们在进行资源配置以及应对非均衡状况时，感知、及时把握和迅速采取行动的能力，而这种能力的提高有助于资源的优化配置，从而获得更高的经济和社会价值，促进经济高质量发展。

### （二）经济社会结构优化，促进经济效率提升

发达国家历史和经验表明，结构变量对经济社会发展产生显著影响（钱纳里，1989），“后工业化”时代，产业结构合理化、高级化是经济持续发展的重要条件。长期以来，产业结构不合理和城乡二元经济的存在对我国经济效率提升存在极大约束，经济结构的变化本质上是资源从生产效率低的部门向生产效率高的部门配置的过程，结构优化意味着经济效率的提高。以城镇化为载体，要素、资源在产业之间、城乡之间转换和流动，从低生产率水平或低生产率增长率部门、行业、产业流向高生产率或高生产率增长率部门、行业和产业，从而产生“结构红利”，成为经济增长的重要引擎以及经济效率提高的重要原因。新时期，以产业城镇化和城乡融合发展为依托的经济社会结构调整，是实现经济高质量发展的重要动力源泉。

### （三）生态环境保护，倒逼经济效率提升

以生态环境可持续发展为契机，提高资源的利用效率，提升经济效率。生态保护和经济发展更多地被视为一对矛盾体，不可兼得。长期以来，一味注重经济效益的发展模式，带来了严重的生态问题。而实际上，两者也具有统一性，当经济系统能够真正通过环境保护、技术研发降低能耗、物耗，提高资源利用效率，那么，在提高经济效益

的同时也能获得生态效益，以生态环境保护倒逼经济效率提升。政府主导的被动、粗放的城镇化发展模式造成效率低下、土地资源过度消耗、环境污染、生态破坏等一系列问题，对经济增长的可持续性形成制约。现阶段，由于潜在增长率下降，国内外需求疲弱，加之部分行业产能过剩以及资源、能源、环境约束趋紧，我国经济发展进入由规模速度型增长模式向质量效率型转变阶段。

### （四）市场主导要素配置，纠正要素错配

城乡差距诱发了我国最大的结构性断裂，成为经济社会转型和高质量发展的最大难题，而城乡差距、区域发展失衡的根源则是要素配置错位。以乡村振兴为契机，要素回流成为市场诱导与政府引导共同作用下的理性选择。然而，在资本、人才、技术等要素集聚效益的逻辑下，受到传统乡村发展模式惯性和断裂化制度安排的桎梏，要素的城乡配置面临较大挑战，回流要素的市场优势在农村内部造成的配置偏误也带来较大风险，通过要素配置格局重构矫正结构发展失衡，进而提高经济发展效率。

城乡要素配置格局重塑问题研究具有鲜明的时代特征和空间特征，时代背景与实践背景的变化赋予了要素优化配置特殊的经济效益和社会效益。以市场为主导，实现要素高效配置，提升经济效益和社会效益，是以国内经济大循环为主体背景下，实现经济高质量发展的重要手段。

### （五）制度保障

二元社会治理结构导致经济效率降低、社会平等缺失以及社会稳定程度减弱（党国英，2020）。新的历史时期，面对社会结构和观念变化带来的冲击，干部频繁调动带来的政绩短视，资源环境趋紧与经济纵深发展要求的矛盾，行政区划桎梏和联动发展制度缺失带来的溢出成本增加，以及国外日益复杂的经济政治环境带来的不确定性，新

型城镇化以实现全面深化改革为根本目标，注重顶层设计和整体布局，协同推动各领域系统性改革，为经济高质量发展提供了根本性的制度保障。新的发展阶段，我国制度环境发生深刻变化，立足于城乡一体、区域协调的政治需求，建立统一的政府治理体制。立足于经济需求，建立产业、资源、要素、市场等统一的政策体系。立足于社会管理需求，依附于打破户籍制度后，城乡居民统一的参与社会管理职能日益高涨，加强城乡一体的社会治理模式。城乡融合的文化建设需求，美好生活向往体现了居民对文化价值的更高追求，城市与乡村的文化建设应纳入一体化的规划中。城乡一体的生态建设需求，美丽中国、美好乡村，描述了中国生态文化建设的美好蓝图。通过脱贫攻坚、乡村振兴等战略的实施，积极应对人们对美好生活的向往和发展不平衡不充分之间的矛盾，打破传统发展路径下的制度依赖，坚持和完善中国特色社会主义制度、推进国家治理体系和治理能力现代化，从而提高发展的经济效益和社会效益。

## 第三节　城镇化—经济效率数理模型分析

系统梳理现有文献发现，城镇化对经济增长作用的数理模型分析较少，本书参照陈晓光等（2005）、周慧（2017）的相关文献，构建城镇化—经济效率模型，其中，将技术进步作为重要解释变量纳入模型中，根据周慧（2017）研究结果指出，创新驱动经济增长，而城镇化表现出一定的门槛效应，原因在于城镇化水平的提高往往意味着更高的人力资本、教育和基础设施，这些都有助于知识的传播和创新发生。

### 一、假设提出

基于城镇化和经济增长相关理论，本书提出以下假设：

假设1：技术进步对经济增长具有正向促进作用，创新驱动经济增长命题成立。

假设2：地区间存在技术创新溢出，技术溢出对地区经济增长的作用存在异质性。

假设3：城镇化具有创新效应，同时存在门槛特征，即创新促进经济增长的效果受到地区城镇化水平的影响。

卡尔多事实描述了发达工业化经济在短期内人均产出增长率基本不随时间变化的现象，但有学者提出将欠发达国家包括进来，或者考虑更长的时期，卡尔多事实反映的规律就会消失。传统的经济增长理论大多将总产出作为因变量，很难反映经济结构变化的影响，然而在现代经济中，经济结构变化对经济增长的贡献越来越大，也会影响到经济增率，Kuznets（1957）、Chenery（1960）、Groot（2000）等人的相关研究均涉及经济结构变化，但大多没有讨论经济结构变化与经济总量之间的关系问题。城镇化过程是生产要素在空间上集聚的过程，也是经济社会空间结构变迁的过程，要素在空间上的集聚带来正的技术和知识外溢，促进地区经济增长及效率提高。伴随着新增长理论和新经济地理学的发展，城镇化对技术创新的作用逐步引起学者们的重视。基于现有文献以及本书所作的尝试，拟构建城镇化—技术创新—经济增长模型，揭示城镇化是促进经济效率提升的路径。

## 二、城镇化—技术进步—经济效率模型构建

我们假设：技术进步与研发人员投入成正比，研发人员规模是技术进步的递增函数。在城镇化过程中，人口转移增加了研发人员规模，促进了技术进步，进而促进经济增长。

t时刻出生的农村人口为 $x_t$，城市人口为 $1-x_t$，t+1时刻 $x_a$ 选择留在农村，$x_{bt}$迁移到城市实现城镇化，$x_{b1t}$从事生产制造，$x_{b2t}$从事科技研发，$x_{bt}=x_{b1t}+x_{b2t}$，为方便起见以下均省略时刻t。

设农业生产函数为：

$$F(x)=x^{\alpha} \tag{3-1}$$

服务品生产函数：

$$s=A^{\theta}\cdot z \tag{3-2}$$

其中，θ 描述制造业技术外部性的大小，$0\leqslant\theta\leqslant1$，θ 越大服务业从制造业获得的知识溢出越强，θ 等于 0 表示服务业没有从制造业获得任何技术溢出，θ 等于 1 表示制造业的技术水平向服务业充分溢出。此外，我们假设迁移人口中从事科技研发的人口占总迁移人口的比例为常数 ε，即：

$$x_{b2}=\varepsilon x_{b} \tag{3-3}$$

计算可得：

$$x_{b1}=(1-\varepsilon)x_{b},x_{b2}=\varepsilon x_{b} \tag{3-4}$$

A 表示劳动的边际产品，g 表示技术进步率。

$$A(t+1)=(1+g)A(t) \tag{3-5}$$

假定只有制造业部门存在技术进步，同时，技术进步速度与研发人员数成正比，为简化方程，假设城市初始研发人员 $x_{b0}$ 为 0。

$$g=\varphi(x_{b2}+x_{b0}) \tag{3-6}$$

可得：

$$A(t+1)=[1+\varphi(x_{b2}+x_{b0})]A(t) \tag{3-7}$$

即：

$$A(t+1)=(1+\varphi\varepsilon\cdot x_{b})A(t) \tag{3-8}$$

可知，技术进步的速度与迁移人口规模成正比。

假定劳动力市场不存在转移成本，劳动力市场无套利的条件要求：

$$F'(x)=A(t)=w(t)=A/(1+\varepsilon)=pA^{\theta} \tag{3-9}$$

由式（3-9）分别可以得到服务品的价格：

$$P=\frac{A^{1-\theta}}{1+\varepsilon} \tag{3-10}$$

农业就业人数：

$$x = [\alpha(1+\varepsilon)/A]^{1/(1-\alpha)} \tag{3-11}$$

土地的租金：

$$R = F(x) - xF'(x) = (1-\alpha)x^{\alpha} \tag{3-12}$$

由式（3-9）、式（3-11）、式（3-12）计算可得个人可支配收入，即人均 GDP：

$$I = W + R = A/(1+\varepsilon) + (1-\alpha)x^{\alpha} \tag{3-13}$$

当事人的预算约束：

$$c + p \cdot s \leqslant I \tag{3-14}$$

假设当事人的偏好为：

$$U(c,s) \tag{3-15}$$

选择在约束条件（3-14）下的最大化效用函数，由消费者最优化一阶条件得到：

$$pu_c = u_s \tag{3-16}$$

设定效用函数为 CES 形式：

$$U(c,s) = \frac{1}{1-\sigma}(c^{\eta}s^{1-\eta})^{1-\sigma} \tag{3-17}$$

$\eta$ 是个人收入的函数，$\eta_i = \eta(I_i)$，则式（3-16）可以改写为：

$$p = \frac{c}{s} \cdot \frac{1-\eta(I)}{\eta(I)} \tag{3-18}$$

均衡时，消费品和服务品市场出清的条件分别为：

$$c = x^{\alpha} + \frac{A}{1+\varepsilon}y \tag{3-19}$$

$$s = A^{\theta}z \tag{3-20}$$

记农民、制造业、服务业工作人员的收入分别是 Ix、Iy、Iz，由以上分析得到：

$$I_x = w_x + R \tag{3-21}$$

$$I_y = I_z = w_y + R \tag{3-22}$$

I 表示 GDP，则有：

$$I = xI_x + yI_y + zI_z \tag{3-23}$$

当事人在预算约束下最大化效用得到：

$$c_i = i\eta(I_i)I_i \tag{3-24}$$

$$s_i = i[1-\eta(I_i)]I_i \tag{3-25}$$

其中，i = x，y，z，再由式（3-18）得到服务品价格 p：

$$p = \frac{c}{s} \cdot \frac{1-\eta(I_z)}{\eta(I_z)} \tag{3-26}$$

均衡时，消费品市场和服务品市场出清的条件分别是：

$$x_\alpha + \frac{A}{1+\varepsilon}x_b + \frac{A}{1+\varepsilon}y = \sum_{i=x,y,z} i\eta(I_i)I_i \tag{3-27}$$

$$p \cdot z = \sum_{i=x,y,z} i[1-\eta(I_i)]I_i \tag{3-28}$$

由式（3-8）、式（3-18）和式（3-28）可得：

$$\frac{\Delta I}{I} = \left\{\frac{A/(1+\varepsilon) - \alpha[\alpha(1+\varepsilon)/A]^{\alpha/(1-\alpha)}}{A/(1+\varepsilon) + (1-\alpha)[\alpha(1+\varepsilon)/A]^{\alpha/(1-\alpha)}}\right\} \cdot \frac{\varepsilon}{1+\varepsilon}\varphi \cdot X_b \tag{3-29}$$

由式（3-29）可知，经济增长与城镇转移人口的规模成正比，即城镇化水平对经济增长产生正向促进作用。

# 第四章 中国新型城镇化与经济效率水平测度与分析

# 第一节　新型城镇化水平测度与分析

城镇化不仅是衡量一国发展水平的重要指标，同时还是一国经济健康可持续发展的重要推动力。习近平主席在对深入推进新型城镇化建设中强调，城镇化是现代化建设的必由之路。城镇化建设要注重户籍城镇化、公共服务均等化、环境城镇化，体现以人为本的核心目标，注重居民生活质量的提高，实现“质”和“量”的统一。改革开放以来，我国城镇化水平快速提高，各大中小城镇规模迅速扩张，基础设施建设日趋完善，城乡格局体系逐渐优化，城乡收入差距不断缩小。但城镇化在推动经济社会快速发展的同时，也出现了盲目的城镇空间规模扩张等现象，造成城镇化滞后于工业化、人口城镇化落后于土地城镇化、资源大量消耗、环境矛盾加剧、基本公共服务不均等、经济结构失衡、就业压力大等一系列问题。

传统的城镇化道路与新型的城镇化道路的不同之处在于后者注入了新的、深层次内容。新型城镇化要以城市集约发展、生态宜居、社会和谐为发展目标，以新型产业化为动力，以统筹兼顾为原则，以改善人民生活为重点，完善城乡基础设施建设，调整城乡空间结构，保障城乡居民均等的享受公共服务，推进城乡公共服务均等化，从量的扩张到质的提升，具有中国特色的新型城镇化发展道路。

走新型城镇化道路，在经济上，促进经济可持续发展的同时，要缩小城乡人均可支配收入的差距，加快城乡融合的发展以及农民人口市民化，鼓励扶持农民就业创业，提高农民工外出务工的薪资水平，切实地提高城乡居民的人均可支配收入，改善居民的生活。从社会健康的角度来说，要提高社会福利水平和社会保障制度，加大城乡基础医疗设施的建设，完善医疗保障制度，切实保障城乡居民的基本生活。在城市的建设方面，加大城市基础设施的建设，完善绿色城市的规划，改善城市居民的生活环境，坚持绿色的发展理念，走绿色、创新、和谐、可持续发展的新型城镇化道路。

## 一、新型城镇化内涵及评价指标体系构建

基于新型城镇化的科学内涵，新型城镇化的质量评价应包含人口、产业、生态、公共服务、城乡一体化等方面内容，本书选取人口城镇化、产业城镇化、生态环境可持续化、公共服务城镇化、城乡一体化5个方面，其中5个方面还包括19个二级指标，分别是：(1) 人口城镇化：常住人口城镇化率、第二、第三产业就业人员占比、户籍城镇化率、城市人口密度；(2) 产业城镇化：人均地方财政收入、第三产业增加值占比、人均存款余额；(3) 生态环境可持续化：人均建成区绿化覆盖面积、人均公园绿地面积、城市污水处理率；(4) 公共服务城镇化：每万人普通小学在校生专任教师数（人/万人）、每万人拥有医院卫生床数（张/万人）、国际互联网用户数（万户）、每百人公共图书馆藏书（册/百人）、人均地方财政教育支出（元）、人均地方财政科技支出（元）；(5) 城乡一体化：城乡人均收入差异系数、城乡公路网密度（公里/百平方公里）。

构建新型城镇化质量评价指标体系，如表4-1所示。

**表4-1　　　　新型城镇化质量评价指标体系**

| 一级指标 | 二级指标 |
|---|---|
| 人口城镇化 | 常住人口城镇化率（%） |
| | 第二、第三产业就业人员占比（%） |
| | 户籍城镇化率（%） |
| | 城市人口密度（人/平方公里） |
| 产业城镇化 | 人均地方财政收入（元） |
| | 第三产业增加值占比（%） |
| | 人均存款余额（元） |

续表

| 一级指标 | 二级指标 |
|---|---|
| 生态环境可持续化 | 人均建成区绿化覆盖面积（公顷） |
| | 人均公园绿地面积（平方米） |
| | 城市污水处理率（%） |
| 公共服务城镇化 | 每万人普通小学在校生专任教师数（人/万人） |
| | 每万人拥有医院卫生床位数（张/万人） |
| | 城镇居民人均消费品零售总额（元） |
| | 国际互联网用户数（万户） |
| | 每百人公共图书馆藏书（册/百人） |
| | 人均地方财政教育支出（元） |
| | 人均地方财政科技支出（元） |
| 城乡一体化 | 城乡人均收入差异系数 |
| | 城乡公路网密度（公里/百平方公里） |

## 二、研究方法

主成分分析法是一种多元统计方法，它的目标是找到一组新基，将原始数据在新基下予以表示，也就是降维的思想，将原来具有多重共线性的相关性指标化为少数几个不相关的综合指标，进而组合构成新变量，尽可能地反映原来指标的大部分信息。因子分析法把一些具有错综复杂关系的变量浓缩成少数几个综合因子变量，使这些因子具有较强的解释性。因子分析是主成分分析的推广，主要通过在众多因素中找出各个变量最佳的子集合作为影响因变量的主要因子，从子集合所包含的信息描述多变量的系统结果以及各个因子对系统的影响。

## 三、地级城市新型城镇化水平测算结果分析

结果表明（见表4－2和图4－1），东部地区新型城镇化水平整体较高，中部地区次之，西部地区整体相对最低，值得注意的是，近

年来，三大区域新型城镇化水平均处于低水平且较为稳定。

表 4-2　　东中西部地区新型城镇化水平测算结果

| 年份 | Urb 东 | Urb 中 | Urb 西 |
| --- | --- | --- | --- |
| 2005 | 0.393255 | 0.342592 | 0.353841 |
| 2006 | 0.394816 | 0.336202 | 0.363827 |
| 2007 | 0.401464 | 0.332934 | 0.357124 |
| 2008 | 0.394997 | 0.338037 | 0.35969 |
| 2009 | 0.39663 | 0.337198 | 0.358118 |
| 2010 | 0.397958 | 0.33527 | 0.359401 |
| 2011 | 0.400916 | 0.336441 | 0.351024 |
| 2012 | 0.40364 | 0.335421 | 0.347622 |
| 2013 | 0.397102 | 0.340513 | 0.350351 |
| 2014 | 0.392472 | 0.344177 | 0.352163 |
| 2015 | 0.395635 | 0.342213 | 0.349816 |
| 2016 | 0.392619 | 0.343051 | 0.354184 |
| 2017 | 0.394509 | 0.339182 | 0.358322 |

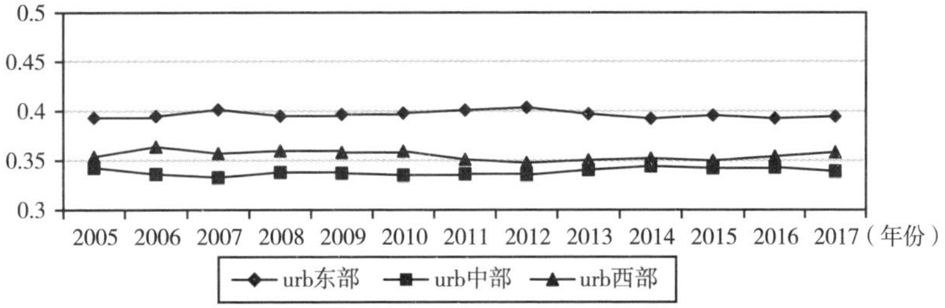


图 4-1　东中西部地区新型城镇化发展趋势

## 第二节　经济效率水平测度与分析

本书采用 DEA - Malmquist 非参数指数模型对我国地级市全要素生产率进行动态测算与评价，其优点在于通过线性规划得到前沿函数，不需要设定具体的函数形式和假设分布，采用该方法评价地区经济效率是相对科学、合理的，动态分析全要素生产率的变化趋势。用来考察从 t 期到 t+1 期全要素生产率变化的 Malmquist 指数，采用了两个 Malmquist 指数的几何平均值作为被评价 DMU 的 Malmquist 指数，即：

$$M_0(x_{t+1}, y_{t+1}, x_t, y_t) = \sqrt{\frac{TE^t(x_{t+1}, y_{t+1})}{TE^t(x_t, y_t)} \times \frac{TE^{t+1}(x_{t+1}, y_{t+1})}{TE^{t+1}(x_t, y_t)}} \quad (4-1)$$

## 一、研究方法

1982 年，Caves，Christensen 和 Diewert 提出 Malmquist 生产率指数法，后经 Fare 等人进一步发展。根据 Shephard（1970）和 Fare（2004）的方法，产出指标变量的距离函数定义为：

$$D_0(x, y) = \inf\{\delta : (x, y/\delta) \in P(x)\} \quad (4-2)$$

其中，x 和 y 分别表示输入变量和输出变量矩阵，δ 表示 Farrell 的面向输出的效率指标，P(x) 为生产可能集合，如果 y 是 P(x) 的组成部分，则函数值将小于或等于 1。如果 y 位于生产可能集合的外部前沿面上，函数值将等于 1，反之，如果 y 位于 P(x) 外部，函数值将大于 1。Caves，Christensen 和 Diewert 定义的一个投入、一个产出，基于产出指标变量的 Malmquist 生产率指数为：

$$M_0^t = \frac{D_0^t(x_{t+1}, y_{t+1})}{D_0^t(x_t, y_t)} \quad (4-3)$$

$$M_0^{t+1} = \frac{D_0^{t+1}(x_{t+1}, y_{t+1})}{D_0^{t+1}(x_t, y_t)} \quad (4-4)$$

其中，$D_0^t(x_{t+1}, y_{t+1})$ 和 $D_0^{t+1}(x_{t+1}, y_{t+1})$ 是相同时间段生产点与前沿面技术相比较得到的输出距离函数。Fare 则在 Caves 等人定义 Malmquist 生产率指数的几何平均值来计算定向输出 Malmquist 指数：

$$M_0(x_t, y_t, x_{t+1}, y_{t+1}) = \sqrt{\frac{D_0^{t+1}(x_{t+1}, y_{t+1})}{D_0^{t+1}(x_t, y_t)} \times \frac{D_0^t(x_{t+1}, y_{t+1})}{D_0^t(x_t, y_t)}} \quad (4-5)$$

根据 Fare 等人的研究，方程（4－5）中的 Malmquist 指数全要素生产率进一步可以分解为纯效率变化和规模效率变化：

$$M_0(x_t,y_t,x_{t+1},y_{t+1})=\frac{S_0^t(x_{t+1},y_{t+1})}{S_0^t(x_{t+1},y_{t+1})}\times\frac{D_0^{t+1}(x_{t+1},y_{t+1}/VRS)}{D_0^{t+1}(x_t,y_t/VRS)}\times\sqrt{\frac{D_0^t(x_{t+1},y_{t+1})}{D_0^{t+1}(x_{t+1},y_{t+1})}\times\frac{D_0^t(x_t,y_t)}{D_0^{t+1}(x_t,y_t)}} \quad (4-6)$$

其中，等号右面的第一项表示规模效率变化，第二项表示纯技术效率变化，最后一项表示技术变化。规模效率衡量的是投入比例是否适当，从而能否实现最大产出的问题，规模效率越高表示规模越适度，生产效率越高。技术效率指的是在技术的稳定使用过程中，技术的生产效能所发挥的程度，用以衡量经济单元在一定技术水平下的最大产出能力。技术效率分解为纯技术效率与规模效率，即技术效率＝纯技术效率×规模效率。纯技术效率指能否有效利用生产技术，使产出最大化，该值表示投入要素在使用上的效率。生产率 $M_0$ 分解为纯技术变化、规模效率变化及技术变化。这些值可能大于 1、等于 1 或小于 1，分别表示效率改进、效率没有变化和效率倒退的情况，本书将运用面板数据的 DEA－Malmquist 方法对中部地区 80 个地级城市的经济效率（全要素生产率 TFP）进行测算。

## 二、变量说明与数据来源

### （一）投入产出要素

（1）劳动投入：该指标反映一定时期内投入生产经营活动中的劳动力人数，对经济发展起到重要的推动作用。本书用城镇单位就业人员数表示，具体指 16 周岁以上从事一定社会劳动并取得相应劳动报酬或经营收入的劳动人员数量。

（2）土地投入：传统的经济增长理论，将资本、劳动等作为影响产出水平的重要变量，然而，资本、劳动等要素价值的发挥需要土地作为载体。现实经济发展过程中，土地投入的增加一般采用建成区规模的扩大，或者是建成区面积的增加来描述。尽管传统经济增长理论没有将土地要素考虑进来，但从中国的国情和发展现状来看，土地的投入（土地的征用及买卖）对于经济增长以及经济效率提高的影响，都是我们不得不考虑的重要因素。从现有文献看，众多学者将城市建成区面积作为城市规模的替代变量，有学者选取城市建设用地面积作为衡量土地投入的指标（王晓云、魏琦、胡贤辉，2016），本书采用城市建成区面积作为衡量土地投入的存量指标。

（3）人力资本存量：舒尔茨开创性地发展了现代人力资本理论，人力资本同物质资本一样成为促进经济增长的源泉。从单个劳动者的人力资本水平提高来说，劳动者通过接受教育、培训等手段提升自我的劳动生产率，同时在知识外部性以及“示范效应”的作用下，对其周围劳动者人力资本水平也有促进作用，循环累积，全社会的人力资本水平将不断提高。人力资本是新经济增长的重要因素，包括人们的教育、健康、培训、信息获取等方面的开支，人力资本存量的测度方法较多，本书借鉴张学良（2012）、徐现祥等（2004）人的做法，采用平均受教育年限作为人力资本存量的代理变量，该方法将“教育获得”作为衡量人力资本水平的指标（Barro，2000）。具体为，平均受教育年限 $H = 6s_1 + 9s_2 + 12s_3 + 16s_4$，$s_1$、$s_2$、$s_3$、$s_4$分别表示6岁以上人口中小学文化、初中文化、高中文化和大专及以上文化程度人口占比。数据来源于《中国城市统计年鉴》及各省区市历年统计年鉴。

（4）物质资本存量：国内学者对资本存量进行估算的研究较多，且结果不一，主要问题在于几个关键变量的选择难以达成一致（张军，2003）。从现有文献看，资本存量的估算以全国或省际层面为主，对全国城市层面的资本存量估算相对较少，部分学者用固定资产投资额作为资本存量的替代指标（刘祥，2004；刘秉镰等，2009），柯善咨等（2012）根据我国实际情况确定了永续盘存法所依赖的四个关键参数——固定资产投资建设周期、固定资产价格加权指数、加权折旧年限和初始资本存量，并根据各城市行政区变化调整了统计数据，估算了 1996～2009 年中国 286 个地级及以上等级城市资本存量。梳理现有文献发现，永续盘存法是估算地区资本存量相对有效的一种方法，本书拟采用该方法对中部地级城市 2001～2014 年历年资本存量进行估算，其计算公式为：

$$K_{it} = K_{it-1}(1-\delta) + I_{it}/p_t \qquad (4-7)$$

其中，δ 为资本折旧率，$p_t$ 表示固定资产价格指数，目前我国没有公布固定资产的平减指数，本书固定资产平减指数将采用城市所在省份以 2001 年为基期计算的 GDP 平减指数代替。基年资本存量，本书借鉴 Youn 采用的基年固定资产投资总额除以 10% 作为初始资本存量的方法（Youn，1999），折旧率采用 Hall 和 Jones（1999）计算世界主要国家资本存量中使用的 6% 的数值。

（5）产出要素：本书选择地区生产总值表示。并以 2001 年为基期，采用各年 GDP 平减指数进行平滑调整（见表 4－3）。

**表 4－3　　投入产出变量**

| | | |
|---|---|---|
| | 投入 | 劳动投入 |
| | | 土地投入 |
| | | 人力资本存量 |
| | | 物质资本存量 |
| | 产出 | 人均 GDP 产值 |

### （二）数据来源

相关数据来源于各年《中国城市统计年鉴》《中国区域经济统计年鉴》以及 2002～2015 年历年各省区市统计年鉴，采用 DEAP 2.1 软件对数据进行处理。

## 三、地级城市经济效率测算结果分析

我国地级市经济效率测算结果表明（见表4－4和图4－2），整体来看，我国地级城市样本的经济效率水平均呈现整体提升的态势，东部地区经济效率水平总体最高，中部地区次之，西部地区较落后，但近年来发展势头迅猛，与东中部地区差距不断缩小。

**表4－4　　我国东、中、西部地区经济效率测算结果**

| 年份 | 2005 | 2006 | 2007 | 2008 | 2009 | 2010 | 2011 | 2012 | 2013 | 2014 | 2015 | 2016 | 2017 |
|---|---|---|---|---|---|---|---|---|---|---|---|---|---|
| tfp 东部 | －0.64 | －0.49 | －0.35 | －0.23 | －0.11 | 0.03 | 0.17 | 0.29 | 0.44 | 0.52 | 0.59 | 0.64 | 0.70 |
| tfp 中部 | －1.06 | －0.91 | －0.77 | －0.64 | －0.49 | －0.41 | －0.20 | －0.07 | 0.05 | 0.13 | 0.22 | 0.30 | 0.39 |
| tfp 西部 | －1.24 | －1.09 | －0.93 | －0.80 | －0.70 | －0.56 | －0.37 | －0.21 | －0.11 | 0.02 | 0.15 | 0.27 | 0.38 |

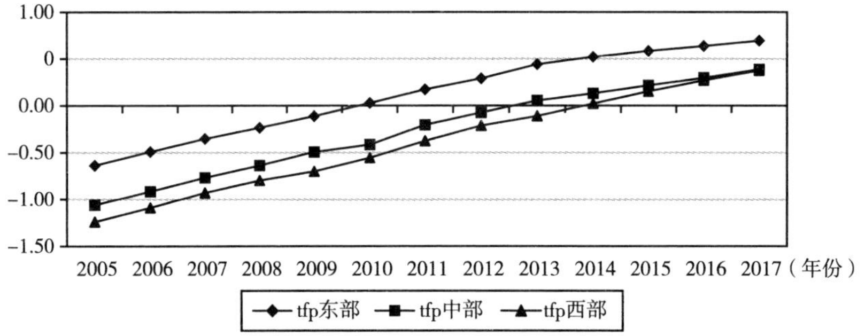


**图4－2　我国东、中、西部地区经济效率趋势**

# 第五章 新型城镇化对经济效率影响的实证检验

# 第一节　新型城镇化对经济效率空间模型设定

## 一、数据来源及变量说明

为了考察新型城镇化发展对区域经济效率的影响作用，本书采用2005～2017年中国274个地级城市面板数据进行实证分析，指标数据来源于《中国区域经济统计年鉴》《中国城市统计年鉴》《中国人口和就业统计年鉴》以及各省区市历年统计年鉴、中国经济与社会发展统计数据库[①]。需要说明的是，由于地级城市部分数据的可得性，因而剔除数据缺失严重的地级城市，而对于部分缺失数据采用平均增长率进行补全。

### （一）被解释变量

经济效率选择各城市全要素生产率（TFP）作为经济效率的衡量指标，由于DEA－Malmquist计算得到的是全要素生产率增长率（tfpch），即后期相比前期全要素生产率变动率，且局部DEA－Malmquist指数值在一定程度上并不能设定初期值进行折算，因而本书采用增长核算法对各地级市全要素生产率进行测算。

传统的C－D生产函数为：

$$Y = AF(K,L) \tag{5-1}$$

基于新古典增长理论将劳动力L、物质资本K引入的同时，纳入土地要素R，A代表除了投入要素外所有能对生产产生影响的要素，还用来衡量全要素生产率；产出要素是以人均GDP为产出指标，对改进后

① 数据说明：安徽省巢湖市于2011年7月并入合肥市，改设为县级单位，本书将其剔除；考虑到数据的可得性，本书不包括湖北仙桃市、神农架林区、恩施土家族苗族自治区以及湖南湘西土家族苗族自治区等。

的柯布—道格拉斯生产函数（C－D）两边取对数，进行回归，可得：

$$\ln Y_t = \ln A_t + \alpha \ln K_t + \beta \ln L_t + \lambda \ln R_t \quad (5-2)$$

### （二）核心解释变量

要全面反映中国城镇化发展质量，首先需要鉴定中国城镇化发展内涵，基于丰富的城镇化发展内涵构建评价指标体系。综合测算了274个地级城市城镇化发展指数，用以描述各城市城镇化综合发展水平，其中包含人口城镇化、产业城镇化、生态环境可持续化、公共服务城镇化、城乡一体化等内容①，相对准确全面地考虑到了城镇化的科学内涵和现实要求。

### （三）控制变量

为了控制经济发展水平、政府支出、基础设施等因素对区域经济效率的影响，本书选取以下控制变量：政府作用（GOV）：市场这只“看不见的手”能够自动地配置资源，实现资源的优化配置。然而长期以来，由于我国所处的特殊发展环境和阶段，市场经济体制也尚不够健全，政府在经济发展过程中扮演着重要的角色。当前，政府职能的转变能否更好地发挥市场对资源的配置作用，是其提升经济效率的关键所在。对于政府作用的衡量指标的选择，本书采用政府支出占GDP比重来描述。经济开放度（Open）：经济开放程度一方面是地区

---

① 具体来说，“人口城镇化”主要用来反映城镇人口的总体发展态势，选取的指标包括：城镇失业登记人数占从业人数的比重，非农产业就业人员占比，城镇人口密度。“产业城镇化”为城镇化发展提供了物质基础，选取的指标包括：城乡居民储蓄年末存款余额、二三产业产值占比、规模以上企业个数。“生态环境城镇化”用来反映城市经济发展过程中城市环境的变化，选取的指标包括：工业固体废弃物综合利用率、人均公园绿地面积、人均建成区绿化覆盖面积。“公共服务城镇化”主要用来反映城镇居民生活、学习条件的改善及便利程度的提高，选取的指标主要包括：每万名普通小学生专任教师数、学生预算内教育经费、科技支出、每万人拥有床位数、城镇单位在岗职工平均工资、每万人拥有公交数量、燃气普及率、用水普及率、每百人公共图书馆藏书。“城乡一体化”选取的指标主要包括：城乡居民人均收入差异系数和城乡消费支出差异系数。

经济发展活力的重要表现；另一方面，经济的开放有利于打破市场分割，影响地区、行业、部门、企业内部间相互学习先进的生产和管理经验，进而有助于经济效率水平的提高。地区经济开放水平一般采用外商投资额来描述。外商投资一方面是资金的投入，另一方面是引进了先进的技术及管理经验，两者对经济增长及效率改善都具有突出的促进作用。本书拟采用各地级市实际利用外资额占地区生产总值比重来描述。金融发展（Fin）：众所周知，金融市场的发展是现代经济的核心内容，理论研究及实践经验均表明金融市场的发展有利于长期的经济增长[30][31][32]。金融发展的一般理论认为，在经济增长的早期，金融市场通过金融机构的扩张与金融服务的增加促进经济增长。本书采用人均金融机构资金运用额占 GDP 比重来描述金融发展水平。基础设施水平（Inf）：根据新古典经济增长理论，全要素生产率的提高对于经济长期实现持续快速增长，具有重要的意义。一方面，基础设施投资能够直接拉动经济增长；另一方面，完善的基础设施有利于形成规模效应和网络效应，提高经济的配置效率[33]。我国基础设施条件相较于大部分发展中国家，甚至于部分发达国家，都具有一定的领先优势，对经济增长的推动作用一直以来备受学者关注[34][35]。交通是城市形成和发展的关键因素，交通距离对经济活动的空间集聚产生重要影响[36][37][38]，便捷的交通可以缩短地区间的空间距离，降低运输成本，促进要素流动，加强人才、信息交流[39]，有利于城市集聚效应和规模效应的发挥以及城市经济功能的完善，对全要素生产率有着显著的正向促进作用[40]。交通基础设施对经济效率的提升作用从理论上看是明显的。本书采用人均道路面积（INF）描述地级城市基础设施水平。

### （四）空间权重矩阵

本书考虑到邻接矩阵若存在过多不相连地级市会对空间关联性产生负面影响，故借鉴以往相关研究，设定反距离矩阵代替邻接矩阵，相比以往以空间距离倒数为元素[41]，加之城市间距离不断增加，空间效应衰减速度趋于缓和的特征，所以采用空间距离倒数的平方值作为地理矩阵元素；单一矩阵并不能有效缓解估计结果敏感度问题，且由于城市经济网络存在“虹吸效应”，本书引入另一个空间矩阵，基于2005～2017年中国地级市真实GDP均值，以GDP差值倒数为矩阵元素的形式建立经济距离矩阵，对以上两种空间矩阵分别进行标准化处理。

### （五）空间自相关性检验

为考察空间计量模型适用性，避免空间影响要素缺失对问题产生过大的影响，需要通过全局或局部莫兰指数检验变量空间自相关性是否存在，若存在空间自相关性，则选择空间计量模型，反之，选择普通面板回归模型。

## 二、空间计量模型设定

考虑到城镇化发展是生产要素在空间上不断集聚的过程[42]，各城市生产要素的集聚为经济活动提供基本需求。因此，需要构建空间面板数据模型，并采用适当的计量方法对模型进行估计。本书采用相较于空间误差模型（SEM）和空间滞后模型（SLM）更为广义的空间杜宾模型（SDM），由于空间面板模型存在内生性问题，为了能够减缓内生性导致的检验结果存在偏差，本书将被解释变量（lntfp）滞后一期变成解释变量，构成动态空间杜宾模型。现将空间计量回归模型设定为：

$$
\begin{aligned}
\ln TFP_{it} = {} & w_{ij}\ln TFP_{it} + w_{ij}\ln TFP_{it-1} + \beta_0 \ln TFP_{it-1} + \beta_1 \ln Urb_{it} + \\
& \beta_2 w_{ij}\ln Urb_{jt} + \beta_3 \ln Gov_{it} + \beta_4 \ln Open_{it} + \beta_5 \ln Fin_{it} + \\
& \beta_6 \ln Inf_{it} + \rho \sum_{j=1}^{n} w_{ij}\ln Urb_{jt} + \theta_1 \sum_{j=1}^{n} w_{ij}\ln Urb_{jt} + \\
& \theta_2 \sum_{j=1}^{n} w_{ij}\ln Urb_{jt}^2 + \theta_3 \sum_{j=1}^{n} w_{ij}\ln Gov_{jt} + \theta_4 \sum_{j=1}^{n} w_{ij}\ln Open_{jt} + \\
& \theta_5 \sum_{j=1}^{n} w_{ij}\ln Fin_{jt} + \theta_6 \sum_{j=1}^{n} w_{ij}\ln f_{jt} + \mu_i + \lambda_t + \varepsilon_{it}
\end{aligned}
$$

其中，$lntfp_{it}$为城市 i 在 t 时刻经济效率；$lnUrb_{it}$、$lnInf_{it}$、$lnGov_{it}$、$lnOpen_{it}$、$lnFin_{it}$为区域 i 在 t 时刻影响地区经济增长的控制变量观测值；$\sum w_{it} lnUrb_{jt}$、$\sum w_{it} lnInf_{jt}$、$\sum w_{it} lnGov_{jt}$、$\sum w_{it} lnOpen_{jt}$、$\sum w_{it} lnFin_{jt}$分别表示各解释变量的空间滞后项，α 为常数项，β 与 θ 均表示 K×1 维参数向量，W 为空间权重矩阵，$\mu_i$、$\lambda_t$ 分别表示区域 i 的个体效应和时间效应，ρ 为被解释变量空间滞后项回归系数。

# 第二节　新型城镇化对经济效率实证分析

## 一、空间相关性分析

对样本期内，我国各地级市新型城镇化及经济效率水平的空间相关性进行检验是本书展开空间溢出效应分析的基础，如表 5－1 所示，分别列出了我国 274 个地级城市经济效率（tfp 指数）、城镇化发展水平的 Moran's Ⅰ 指数值，结果表明，2005～2017 年全局在 1% 水平上均显著，且取值范围在［0－1］区间，说明各地区城镇化发展水平与经济效率（TFP）均表现明显的正向空间自相关性，所以经济活动在考察期间具有显著的空间依赖性，城镇化发展的空间分布不是随机状态（Moran's Ⅰ 指数趋于 0），具有空间集聚的特征。

**表 5－1　　城镇化、经济效率的 Moran's Ⅰ 指数**

| 年份 | 城镇化（Urb） | | 地区经济效率（TFP） | |
|---|---|---|---|---|
| | 反距离矩阵 | 经济距离矩阵 | 反距离矩阵 | 经济距离矩阵 |
| 2005 | 0.246*** | 0.142*** | 0.247*** | 0.477*** |
| 2006 | 0.227*** | 0.141*** | 0.259*** | 0.474*** |
| 2007 | 0.243*** | 0.167*** | 0.243*** | 0.478*** |
| 2008 | 0.229*** | 0.154*** | 0.251*** | 0.474*** |
| 2009 | 0.258*** | 0.148*** | 0.253*** | 0.486*** |

续表

| 年份 | 城镇化（Urb） | | 地区经济效率（TFP） | |
|---|---|---|---|---|
| | 反距离矩阵 | 经济距离矩阵 | 反距离矩阵 | 经济距离矩阵 |
| 2010 | 0.249*** | 0.156*** | 0.247*** | 0.480*** |
| 2011 | 0.264*** | 0.162*** | 0.242*** | 0.469*** |
| 2012 | 0.305*** | 0.179*** | 0.233*** | 0.465*** |
| 2013 | 0.242*** | 0.171*** | 0.246*** | 0.490*** |
| 2014 | 0.221*** | 0.139*** | 0.240*** | 0.488*** |
| 2015 | 0.236*** | 0.149*** | 0.202*** | 0.449*** |
| 2016 | 0.262*** | 0.168*** | 0.176*** | 0.374*** |
| 2017 | 0.247*** | 0.136*** | 0.143*** | 0.311*** |

注：*** $p<0.001$。

数据来源：《中国城市统计年鉴》整理后通过 Stata15.0 软件处理得到。

对比两种空间权重矩阵下的 Moran's I 指数发现，经济距离矩阵下的各变量的数值普遍大于反距离矩阵，这一结果表明，相比地理因素的影响，经济因素对经济活动的空间相关性起到了越来越重要的影响，这一结论也进一步证实了中国地区地级城市之间经济活动存在空间交互作用。

图 5－1 和图 5－2 是给定年份中国 274 个地级城市新型城镇化发展和经济效率（tfp）的局部莫兰指数散点图（由于篇幅限制本书只选取 2005 年、2010 年、2017 年三年的示意图），2005 年、2010 年、2017 年中国地级城市新型城镇化发展水平与经济效率（tfp）的 Moran' I 散点图，在经济距离矩阵和反距离矩阵下，莫兰指数值均在 1% 的显著性水平上通过检验。且大部分城市点都集中在第一象限和第三象限，即呈现明显高高集聚与低低集聚的现象。这一结果表明，中国地区新型城镇化与经济效率呈现同向相关趋势，这与美国经济学家诺瑟姆曾提出城市水平与经济发展水平呈现一种粗略的线性关系相一致。另外，中国地区经济活动在空间上表现出显著的空间正相关性，证实了空间依赖性的存在。经济发展较好的城市在空间上表现出了集聚特征，同时，经济较为落后的地区在空间分布上也趋于邻近。

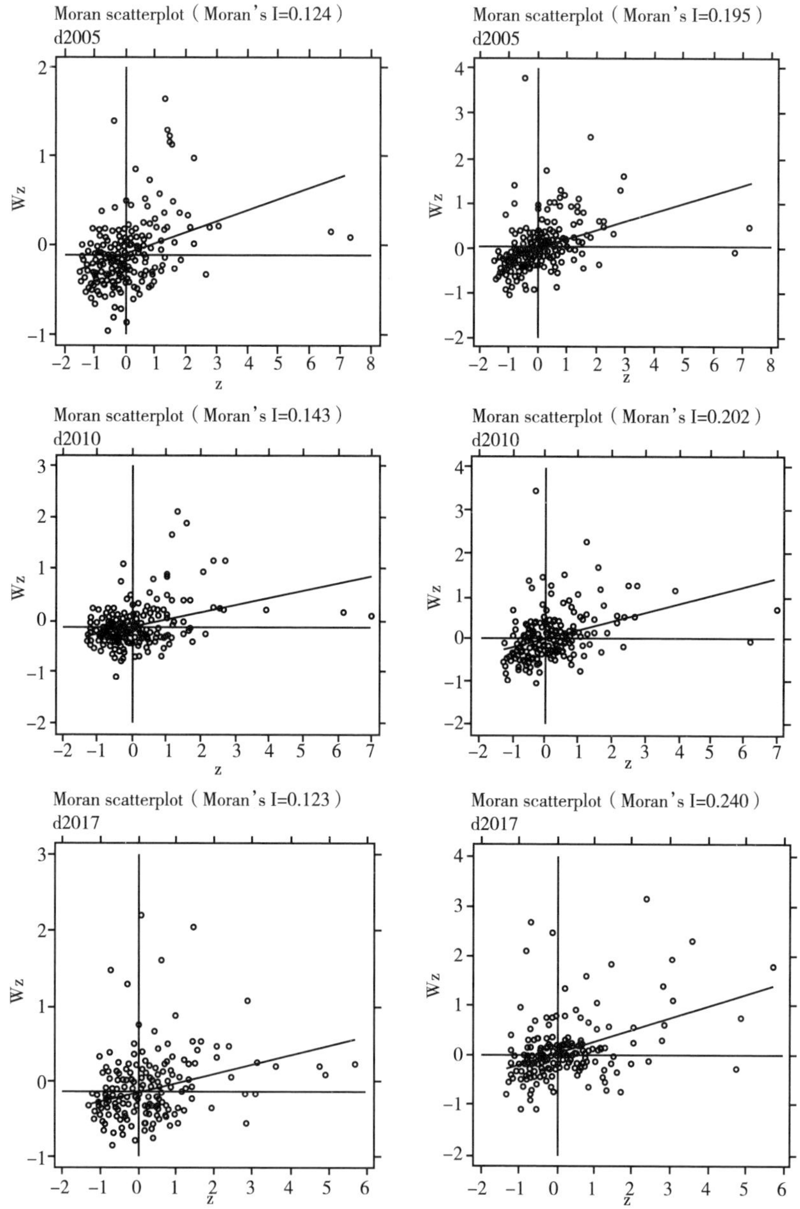


**图 5－1　给定年份新型城镇化指数的 Moran' I 散点图**

**(左图经济距离矩阵、右图反距离矩阵)**

资料来源：城镇化指数数据，采用 Stata 计量软件绘制得到。

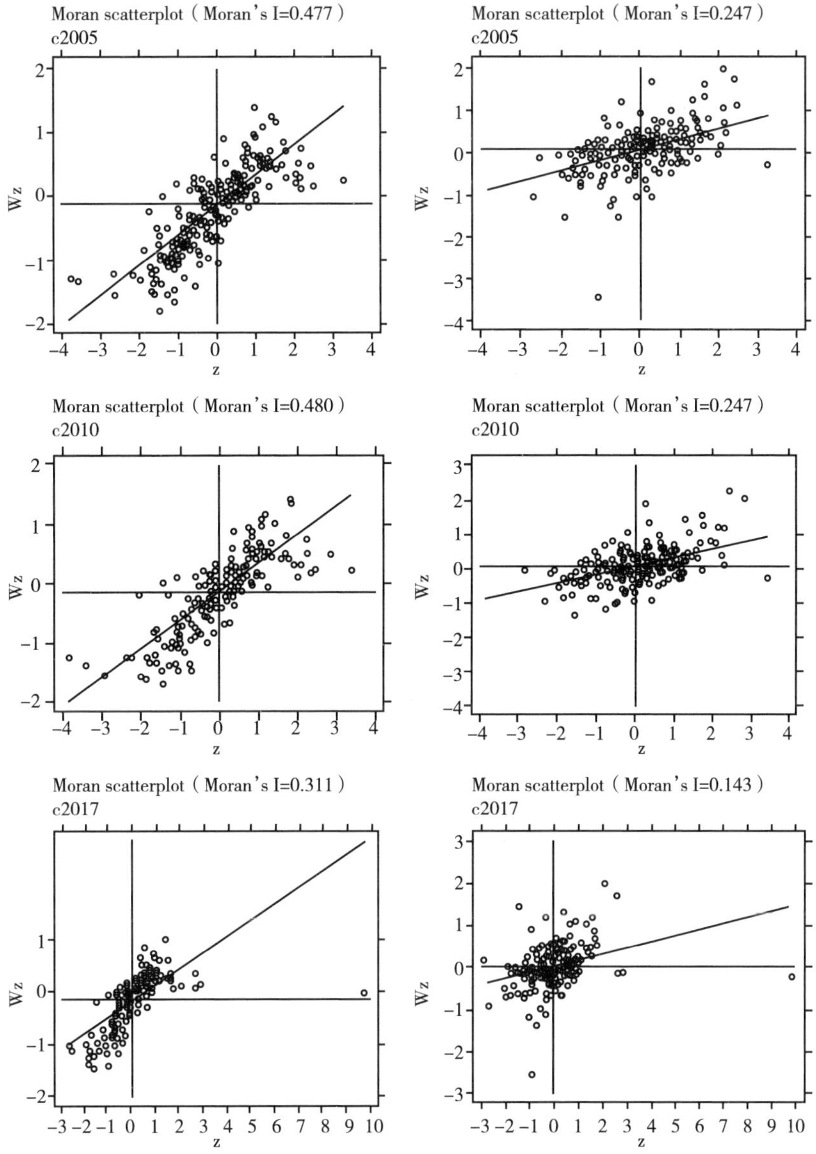


**图 5-2　经济效率 Moran' I 散点图**

**（左图经济距离矩阵、右图反距离矩阵）**

资料来源：经济效率数据，采用 Stata 计量软件绘制得到。

通过全局莫兰指数检验及局部散点图分析发现，中国地区地级市经济活动存在不同程度的空间相关性，新型城镇化及经济发展效率呈现出一定的集聚特征。具体而言，新型城镇化水平较高、经济增长较快的城市倾向于与其他新型城镇化水平高、经济增长快的城市相邻近，而新型城镇化水平较低、经济增长较慢的城市倾向于与其他新型城镇化水平低、经济增长慢的城市相邻近。因此，我们证实了新型城镇化发展空间相关性的存在，建立在空间独立假定下的传统计量回归模型存在一定的不足，需要选取合适的空间计量模型进行估计。

## 二、数据的平稳性检验

面板数据实际上是时间序列和横截面数据的混合形式，可能存在由于时间序列上的非平稳性导致模型产生“伪回归”。因此，为了确保估计结果的有效性，避免“伪回归”，我们需要对面板数据进行平稳性检验，检验数据平稳性最常用的方法是单位根检验。本书采用 Levin - Lin - Chu（简称：LLC）相同单位根检验、IPS 和 Fisher - ADF 不同单位根检验对面板数据的平稳性进行检验，如果均拒绝存在单位根的原假设，我们认为数据是平稳的，反之则不平稳。从表 5 -2 可知，金融发展（fin）存在单位根，对金融发展变量的一阶差分进行单位根检验，在 1% 的显著性水平上拒绝原假设，说明金融发展变量存在一阶单整序列，即面板数据是非平稳的状态，进一步需要进行协整检验（见表 5 -3）。通过采用 Kao 检验、Pedroni 检验、Westerlund 检验对面板数据进行协整检验，从检验结果可知，其检验结果均拒绝原假设，因而认为经济效率（tfp）、城镇化水平、城镇化水平二次项、金融发展、基础设施等变量间存在协整关系，即变量间存在长期稳定的均衡关系，进而可以采用面板数据进行回归分析。

表 5-2　　变量单位根检验结果

| | LLC | IPS | Fisher-ADF |
|---|---|---|---|
| lntfp | -31.8192*** | -6.7401*** | 771.0419*** |
| lnurb | -11.973*** | -10.3877*** | 779.2213*** |
| lnfin | -0.5698 | -10.8548*** | 931.9625*** |
| 滞后一阶（D. lnfin） | -36.6676*** | | |
| lninf | -23.9439*** | -8.4124*** | 1563.4998*** |
| lngov | -22.9576*** | -6.1446*** | 734.4212*** |
| lnopen | -7.5163*** | -3.6570*** | 632.5226** |

注：** $p<0.01$，*** $p<0.001$。

表 5-3　　协整检验结果

| 检验方法 | 统计量名称 | 统计量值 | 检验结果 |
|---|---|---|---|
| Kao 检验 | Modified Dickey-Fuller | 4.4874*** | 拒绝 |
| | Dickey-Fuller | 7.1797*** | 拒绝 |
| | Augmented Dickey-Fuller | 9.0263*** | 拒绝 |
| | Unadjusted modified Dickey-Fuller | 2.6717** | 拒绝 |
| | Unadjusted Dickey-Fuller | 5.4763*** | 拒绝 |
| Pedroni 检验 | Modified Phillips-Perron | 25.1427*** | 拒绝 |
| | Phillips-Perront | -15.021*** | 拒绝 |
| | Augmented Dickey-Fuller | -11.5635*** | 拒绝 |
| Westerlund 检验 | Variance ratio | 16.2937*** | 拒绝 |

注：** $p<0.01$，*** $p<0.001$。

## 三、回归结果分析

### （一）普通面板回归

由于普通计量回归并未考虑空间要素的影响效应，存在一定的回归误差，因此，本书将空间要素引入计量模型中，采用 LM 检验和 Hausman 检验对模型进行选择，首先，本书利用 Anselin 等（1996）开创性地提出的 LM 检验（lagrange multiplier tests），即如何在空间滞后模型（Spatial Lag Model 或 Spatial Auto Regression Model，SAR）和空间误差模型（Spatial Error Model，SEM）之间进行选择。从表 5 - 4 中可知，在反距离权重和经济距离权重下，空间误差模型（SEM）和空间滞后模型（SLM）的 LM 检验均在 5% 以下的显著性水平上拒绝原假设（见表 5 - 5），即模型中既存在空间误差项也存在空间滞后项，表明采用空间杜宾模型（SDM）是恰当的。其次，采用豪斯曼（Hausman）检验结果在 1% 显著性水平上拒绝原假设，表明固定效应模型优于随机效应模型（书中并未呈现检验过程），加之，通过不同效应模型 LR 检验和 Wald 检验可以看出，双固定效应并未通过检验（见表 5 - 6），所以采用个体和时间固定空间杜宾模型更加合理。从回归结果来看，无论是静态空间杜宾模型还是动态空间杜宾模型，城镇化水平的系数均表现为正（除静态模型中个体固定未通过显著性检验、表现为较弱的推动能力外，其他效应中均通过显著性检验），说明城镇化水平对我国区域经济效率的影响呈现正向影响效应，即在我国城镇化进程中，随着城镇化水平不断提高，经济效率总体上呈现上升的趋势。由于静态空间杜宾模型仅考虑了空间滞后的解释变量和被解释变量对被解释变量的共同影响，而时间滞后的影响未考虑，同时，考虑 $R^2$、logL（书中并未全部展现）等值，DSDM 模型估计结果较为理想，因此采用动态空间杜宾模型（DSDM），将空间、时间双滞后纳入变量中；加之，在经济矩阵与反距离矩阵下，与个体固定效应模型相比，时期固定效应模型的回归结果更为理想可信度相对比较高，所以本书将对时期固定效应进行结果分析。

**表 5-4　静态动态空间杜宾模型回归结果**

| | 静态 | | | | 动态 | | | |
|---|---|---|---|---|---|---|---|---|
| | 经济空间 | | 反距离 | | 经济空间 | | 反距离 | |
| | 时期 | 个体 | 时期 | 个体 | 时期 | 个体 | 时期 | 个体 |
| Wlntfp | 0.576***<br>(−21.21) | 0.633***<br>(−26.47) | 0.390***<br>(−15.38) | 0.667***<br>(−36.44) | 0.150216***<br>(−3.6) | 0.0643*<br>(−1.65) | 0.0828**<br>(−2.27) | 0.0696**<br>(−1.99) |
| L.lntfp | | | | | 0.9965537***<br>(−168.11) | 1.042***<br>(−83.91) | 0.0581***<br>(−4.3) | 1.026***<br>(−82.06) |
| L.Wlntfp | | | | | 0.4609721***<br>(−10.71) | −0.829***<br>(−20.13) | −0.0337***<br>(−6.50) | −0.717***<br>(−19.09) |
| lnurb | 0.288***<br>(−7.35) | 0.0578<br>(−1.32) | 0.537***<br>(−10.39) | 0.0165<br>(−0.37) | 0.1477432***<br>(−11.76) | 1.249***<br>(−46.52) | 0.0728***<br>(−12.49) | 0.863***<br>(−32.04) |
| lnfin | −0.0214<br>(−1.34) | −0.0330**<br>(−2.23) | 0.108***<br>(−5.42) | −0.0319**<br>(−2.00) | −0.04125***<br>(−8.14) | 0.0200**<br>(−2.32) | 0.104***<br>(−13.74) | −0.0209**<br>(−2.25) |
| lninf | −0.114***<br>(−6.69) | 0.0484***<br>(−2.9) | −0.124***<br>(−5.51) | 0.0325*<br>(−1.94) | 0.104698***<br>(−19.15) | 0.149***<br>(−13.98) | 0.00226<br>(−1.06) | 0.106***<br>(−9.99) |
| lngov | −0.0670***<br>(−2.68) | −0.0821***<br>(−2.94) | −0.605***<br>(−21.94) | −0.0997***<br>(−3.18) | 0.13494***<br>(−16.8) | 0.206***<br>(−12.23) | 1.046***<br>(−230.15) | −0.0341*<br>(−1.81) |

续表

| | 静态 | | | | 动态 | | | |
|---|---|---|---|---|---|---|---|---|
| | 经济空间 | | 反距离 | | 经济空间 | | 反距离 | |
| | 时期 | 个体 | 时期 | 个体 | 时期 | 个体 | 时期 | 个体 |
| lnopen | 0.0216*** (−3.7) | −0.0338*** (−4.96) | 0.00724 (−0.88) | −0.0322*** (−4.64) | −0.00824*** (−4.38) | 0.00976** (−2.41) | 0.0658* (−1.75) | 0.0161*** (−3.91) |
| Wlnurb | 0.0825 (−0.74) | −0.0147 (−0.11) | −0.0127 (−0.10) | 0.0763 (−0.69) | 2.037863*** (−57.54) | 12.45*** (−144.85) | 1.455*** (−45.63) | 7.867*** (−115.39) |
| Wlnfin | 0.146*** (−3) | 0.156*** (−5.68) | −0.417*** (−7.90) | 0.0816*** (−2.77) | −0.49483*** (−31.87) | 0.234*** (−13.58) | −0.318*** (−23.25) | 0.196*** (−10.66) |
| Wlninf | −0.0903* (−1.73) | 0.313*** (−5.96) | −0.0133 (−0.28) | 0.324*** (−8.1) | 0.804478*** −47.55 | 0.979*** (−26.65) | 0.451*** (−37.15) | 0.798*** (−28.46) |
| Wlngov | −1.006*** (−14.95) | 0.515*** (−9.38) | −0.141** (−1.97) | 0.490*** (−8.92) | 1.618656*** (−66.79) | 0.945*** (−26.28) | 0.984*** (−52.59) | 0.827*** (−23.05) |
| Wlnopen | 0.0435** (−2.44) | 0.0204 (−1.1) | 0.0589*** (−3.27) | −0.0137 (−0.83) | 0.032115*** (−5.58) | 0.313*** (−28.67) | 0.0187*** (−3.98) | 0.160*** (−16.56) |
| $R^2$ | 0.07 | 0.1423 | 0.06 | 0.2129 | 0.7428 | 0.4442 | 0.8314 | 0.4094 |
| Variance | 0.168*** | 0.0430*** | 0.254*** | 0.0422*** | 0.017321*** | 0.0149*** | 0.0173*** | 0.0147*** |
| sigma2_e | (−41.11) | (−41.46) | (−41.83) | (−41.43) | −44.55 | (−44.56) | (−44.61) | (−44.58) |

注：* $p<0.05$，** $p<0.01$，*** $p<0.001$。

表 5 - 5　　　　　　　　LM 检验结果

| | | 经济距离 | 反距离 |
|---|---|---|---|
| 空间误差 | LM | 31.821 *** | 468.736 *** |
| | 稳健 LM | 30.3 *** | 215.998 *** |
| 空间滞后 | LM | 16.502 *** | 322.186 *** |
| | 稳健 LM | 14.981 *** | 69.448 *** |

注：*** $p < 0.001$。

表 5 - 6　　　　个体、时期、双固定模型选择检验结果

| 矩阵 | 效应 | LR 检验 | Wald 检验 |
|---|---|---|---|
| 经济距离 | 个体固定 | 636.05 *** | 36.8 *** |
| | | 290.41 *** | 245.52 *** |
| | 时期固定 | 1052.81 *** | 255.34 *** |
| | | 503.34 *** | 344.82 *** |
| | 双固定 | 未通过 | |
| 反距离 | 个体固定 | 384.96 *** | 63.93 *** |
| | | 272.42 *** | 294.01 *** |
| | 时期固定 | 240.19 *** | 115.92 *** |
| | | 120.15 *** | 233.71 *** |
| | 双固定 | 32.96 *** | 26.37 *** |
| | | 28.84 *** | 32.07 *** |

注：*** $p < 0.001$。

## （二）全样本回归分析

本书采用 Stata 15.0 软件进行动态空间杜宾模型回归分析，考虑到新型城镇化发展水平、经济发展水平存在区域差异性、不同区域发展程度不同，所以在研究全国整体情况的同时，引入东、中、西分区域研究视角新型城镇化对经济效率的提升作用进行分析，结果如表 5 - 4、表 5 - 7 所示。

从全国层面来看（见表 5 - 4），经济距离矩阵下新型城镇化水平的系数是 0.1477，在 1% 的水平上均显著且影响效应明显高于反距离

矩阵下解释变量，说明新型城镇化水平对中国经济效率的作用呈现正向影响，但是在分段回归分析中（以新型城镇化战略提出时间2012年作为分界点，见表5－7），传统城镇化发展阶段（2005～2012年），城镇化的系数在1%水平上均显著为负且经济权重下影响效应明显较强，而新型城镇化发展期间（2012～2017年），城镇化系数在1%水平上显著为正，分别是0.296、0.101且经济矩阵下影响效应较大。一方面，说明当城镇化发展到一定程度、经济效率达到转折点后，进一步推进城镇化发展水平对我国区域经济效率是处于不断提升趋势的，也就是“U”形发展态势；另一方面，再次证实了相比地理因素的影响，经济因素对经济活动的空间相关性起到了越来越重要的影响。这主要是，在城镇化发展初期，城镇化的发展脱离了循序渐进的原则，进入“急速城镇化”阶段，不乏有相关学者提出我国城镇化出现了“大跃进”和“冒进”的现象，大规模无序城市用地扩张，人口急剧地涌入城市增加了就业难度、交通拥堵、生态环境恶化等“城市病”。而我国现有的资源和环境基础难以支撑冒进式的城镇化和无序式城市扩张，脱离了城市与区域经济发展的客观规律[44]，这对我国区域经济发展造成一定程度的影响。

**表5－7　分段检验结果**

| | 2005～2012年 | | 2012～2017年 | |
|---|---|---|---|---|
| | 反距离矩阵 | 经济矩阵 | 经济矩阵 | 反距离矩阵 |
| Wlntfp | 0.0137<br>(0.30) | 0.694***<br>(14.82) | 0.0700<br>(0.96) | 0.0379<br>(0.65) |
| L. lntfp | 1.223***<br>(253.48) | 1.199***<br>(190.04) | 1.045***<br>(98.21) | 1.116***<br>(134.30) |
| L. Wlntfp | －0.0784*<br>(－1.73) | 0.808***<br>(16.98) | 0.877***<br>(11.47) | 0.197***<br>(3.18) |
| lnurb | －0.119***<br>(－8.49) | －0.168***<br>(－13.09) | 0.296***<br>(12.40) | 0.101***<br>(3.96) |

续表

| | 2005～2012 年 | | 2012～2017 年 | |
|---|---|---|---|---|
| | 反距离矩阵 | 经济矩阵 | 经济矩阵 | 反距离矩阵 |
| lnfin | -0.0270***<br>(-4.98) | 0.0133**<br>(2.49) | -0.0814***<br>(-8.77) | -0.0567***<br>(-5.89) |
| lninf | 0.0221***<br>(3.67) | 0.0705***<br>(12.56) | 0.195***<br>(18.89) | 0.140***<br>(12.78) |
| lnopen | -0.00202<br>(-0.91) | -0.0182***<br>(-9.21) | -0.0107***<br>(-3.13) | 0.00884**<br>(2.24) |
| lngov | 0.130***<br>(16.26) | 0.252***<br>(30.23) | 0.237***<br>(15.86) | 0.196***<br>(14.04) |
| Wlnurb | 0.0399<br>(1.25) | -0.222***<br>(-6.35) | 3.316***<br>(46.08) | 2.433***<br>(38.09) |
| Wlnfin | 0.0867***<br>(5.86) | -0.359***<br>(-22.68) | -0.783***<br>(-25.68) | -0.575***<br>(-22.47) |
| Wlninf | -0.00464<br>(-0.36) | 0.423***<br>(24.21) | 1.257***<br>(39.53) | 0.654***<br>(29.16) |
| Wlnopen | -0.0184***<br>(-3.67) | 0.00653<br>(1.08) | 0.0763***<br>(7.21) | 0.0289***<br>(3.37) |
| Wlngov | 0.0615***<br>(3.18) | 2.329***<br>(94.47) | 2.637***<br>(56.09) | 1.645***<br>(46.27) |
| $R^2$ | 0.9684 | 0.9781 | 0.7265 | 0.8184 |
| LogL | 1031.4845 | 1759.3937 | -1233.3457 | 225.2921 |
| Variance | 0.0111*** | 0.0111*** | 0.0281*** | 0.0288*** |
| sigma2_e | (35.40) | (35.45) | (32.01) | (31.95) |
| N | 1918 | 1918 | 1370 | 1370 |

注：* $p<0.05$，** $p<0.01$，*** $p<0.001$。

另外，通过东部、中部、西部不同区域不同阶段对回归结果进行分析，在经济权重的空间杜宾模型中，东部新型城镇化水平系数由-0.118到-0.147，负向影响效应程度提升0.028个百分点，且在1%的水平上显著，说明新型城镇化发展并未带来东部地区经济效率的提升，这可能根据 Williamson（1965）① 在《区域不平衡与国家发展过程》中提出倒“U”形理论相关，在交通基础设施、信息通讯等比较落后、资本市场不够成熟等经济初期发展阶段，经济集聚就显得尤为重要，此时，经济活动的空间集中式极化会显著地提高地区经济效率水平，而城镇化的发展过程就是生产活动不断空间集聚的过程，即经济集聚在初始阶段可能有利于经济增长，但是当集聚达到一定阶段，反而不利于经济的进一步增长[43]。这表明，东部地区已经达到经济效率转折点之后，进一步的集聚活动会增加生产要素成本，破坏生态环境，降低了经济效率。而中部与西部地区城镇化系数均表现由负转正的现象，且在1%水平上显著，说明中西部新型城镇化对经济效率提升起到明显的促进作用，这也进一步证实我国新型城镇化战略的提出具有现实的指导作用。基于现实与理论并不完全相吻合，如东部地区城镇化发展在促进本地区经济效率改善的同时，也有助于周边地区经济效率水平的提高，能够实现城镇化与经济社会的地区联动发展，而计量结果显示，城镇化促进了本地区经济效率的改善，但并没有如我们所设想的一样，在积极的空间交互影响下，对周边地区产生正的外部性。

无论从全国层面②、分时期③，还是分区域④，经济效率空间自相关系数为正，这说明经济效率存在正向的空间相关效应，经济发展水平越高，城市经济集聚效应越强，经济效率具有明显的空间溢出效

---

① 威廉姆森（Jeffery G Willamson）1965 年发表《区域不平衡与国家发展过程》一文中，通过对经济增长的实证资料数据进行横向、纵向分析，提出了区域经济差距的倒“U”形曲线理论，即随着国家经济的发展，区域间增长差异呈现倒“U”形变化。在发展的初期阶段，随着经济的增长，区域间的差距不断扩大，当区域间经济差异达到稳定阶段，经济进一步增长，区域间的差异会随着经济增长而下降。

② 全国层面经济效率在5%水平上均通过显著性检验，影响效应显著。

③ 分时期，除了前期阶段在经济矩阵下通过显著性5%的检验，其他阶段下虽未通过显著性水平检验，但是在一定程度上经济效率存在正向空间相关效应。

④ 分区域+时期层面，西部经济效率空间正相关性明显的高于中、东部地区，说明西部地区经济效率正向空间相关效应处于较强的阶段，且中、西部地区空间正相关效应处于递减的趋势，而东部地区则是递增的趋势。

应；时间滞后的经济效率的系数为正，均在1%水平上显著，说明滞后一期的经济效率对当期的经济效率增长具有显著的促进作用[45][46]，且经济效率在时间上具有一定的动态性与连续性，即存在一定的路径依赖现象，这恰好说明将被解释变量滞后一期作为解释变量的合理性。随着城镇化转型促进作用在明显的减弱，从1.199下降到1.045（经济权重）和从1.223下降到1.116（反距离权重），西部地区与全国发展趋势相似，而中、东部地区则不同，表现为明显的递增效应（见表5-8）；由于时空双滞后的经济效率受到经济因素和地理因素的影响产生不同的效应，因而基于不同标准的空间矩阵会影响到时空效应的测算，例如，在经济权重下，全国的双重滞后经济效率的系数为0.997，在1%水平上显著，表现为正向影响，且随着城镇化的推进双重滞后经济效率的影响效应处于增强的趋势，与东部、西部负向效应增强趋势不同，西部则表现为由负到正的特征；而在反距离权重下，双重滞后经济效率系数为-0.0337，在水平1%上显著，表现为明显负相关性；加之，时空滞后项经济效率由负相关转为正相关的效应显著，这与经济权重下差异性很大。

**表5-8　　分区域分节点经济权重时期固定空间杜宾模型回归结果**

| | 东部 | | 中部 | | 西部 | |
|---|---|---|---|---|---|---|
| | 第一阶段 | 第二阶段 | 第一阶段 | 第二阶段 | 第一阶段 | 第二阶段 |
| Wlntfp | 0.00455<br>(0.07) | 0.0838<br>(0.94) | 0.237***<br>(3.05) | 0.000884<br>(0.01) | 0.346***<br>(3.13) | 0.205<br>(1.39) |
| L. lntfp | 1.144***<br>(147.17) | 1.403***<br>(116.13) | 0.562***<br>(18.08) | 1.124***<br>(52.47) | 1.826***<br>(98.14) | 1.076***<br>(46.70) |
| L. Wlntfp | -0.0493<br>(-0.71) | -0.153*<br>(-1.65) | 0.252***<br>(2.64) | -0.0105<br>(-0.09) | -1.496***<br>(-12.21) | 1.504***<br>(9.38) |
| lnurb | -0.118***<br>(-7.44) | -0.147***<br>(-6.28) | -0.0231<br>(-0.34) | 0.0498*<br>(1.72) | -0.281***<br>(-4.64) | 1.617***<br>(15.29) |

续表

| | 东部 | | 中部 | | 西部 | |
|---|---|---|---|---|---|---|
| | 第一阶段 | 第二阶段 | 第一阶段 | 第二阶段 | 第一阶段 | 第二阶段 |
| lnfin | 0.00992<br>(1.56) | 0.0274***<br>(2.87) | -0.0211<br>(-0.73) | -0.0143<br>(-1.35) | -0.212***<br>(-11.18) | -0.652***<br>(-17.35) |
| lninf | 0.00293<br>(0.46) | 0.0929***<br>(8.46) | -0.0295<br>(-1.03) | 0.0701***<br>(5.81) | -0.00964<br>(-0.41) | 0.137***<br>(3.48) |
| lnopen | 0.00297<br>(1.06) | -0.00832**<br>(-1.99) | 0.00239<br>(0.24) | 0.00409<br>(1.05) | -0.0492***<br>(-6.27) | -0.0251*<br>(-1.78) |
| lngov | 0.0310***<br>(2.97) | 0.0947***<br>(6.04) | 0.0210<br>(0.50) | 0.0479***<br>(2.95) | -0.206***<br>(-6.33) | 0.338***<br>(5.46) |
| Wlnurb | -0.0671<br>(-1.28) | -0.341***<br>(-4.25) | 0.572**<br>(2.54) | 0.241**<br>(2.55) | 2.307***<br>(16.88) | 8.271***<br>(32.82) |
| Wlnfin | 0.0248<br>(1.32) | 0.0194<br>(0.68) | 0.0967<br>(0.93) | 0.0516<br>(1.42) | -0.292***<br>(-5.39) | 0.125<br>(1.25) |
| Wlninf | -0.0189<br>(-0.98) | -0.101***<br>(-2.75) | 0.0841<br>(0.89) | 0.177***<br>(4.42) | 0.0647<br>(1.10) | 0.973***<br>(10.27) |
| Wlnopen | -0.0177**<br>(-2.09) | -0.00601<br>(-0.55) | 0.00638<br>(0.18) | -0.0203<br>(-1.37) | 0.0335<br>(1.47) | 0.0276<br>(0.65) |
| Wlngov | 0.124***<br>(4.40) | 0.156***<br>(2.98) | -0.240*<br>(-1.94) | 0.208***<br>(4.16) | 0.331***<br>(4.39) | 2.704***<br>(21.60) |
| $R^2$ | 0.9805 | 0.9427 | 0.7344 | 0.9369 | 0.8163 | 0.6157 |
| LogL | 742.5632 | 262.2696 | -87.3782 | 418.9447 | -201.2930 | -348.0341 |
| Variance | 0.00534*** | 0.00914*** | 0.0912*** | 0.0139*** | 0.0337*** | 0.0785*** |
| sigma2_e | (22.32) | (19.65) | (22.39) | (20.02) | (15.84) | (14.56) |
| N | 763 | 545 | 777 | 555 | 378 | 270 |

注：t statistics in parentheses

* $p<0.1$，** $p<0.05$，*** $p<0.01$。

下面对影响经济效率的控制变量进行分析。

（1）金融发展（fin）。在反距离权重下金融发展的系数均为负值且通过显著性水平 1% 的检验，说明金融发展程度对中国经济效率有显著的负向效应，而经济权重则不同，具有明显的正向效应。但是在不同的空间矩阵下，金融发展对其他城市均表现为严格的负向溢出效应，即本地区的金融发展在某种程度上抑制经济发展水平的提升；由于影响效应存在差异性，根据统计量分析，金融发展程度对西部地区经济效率的负向作用最大，且西部地区金融发展不断增强对经济发展水平的负作用，可能是西部地区匮乏的金融资源无法为经济发展提供支撑，但是其对周边地区的空间溢出效应由负向转正向，这表明西部地区金融发展的空间溢出效应处于不断优化的过程，而东部地区拥有相对比较充足的金融资源，这为东部地区地方企业发展提供相对充裕的资金链，改善经济运行环境，促进经济效率提升，为周边地区经济发展提供一定的动力；随着新型城镇化发展战略提出，中部地区金融发展环境发生转变，其对经济效率的影响由抑制向促进方向发展，且表现为正向的空间溢出效应。（2）基础设施（inf）。从全国层面来看，基础设施对经济效率的影响呈现正向影响，且影响效应处于不断增强的趋势，其对周边地区经济效率的提升存在正向影响且影响效应也处于不断增强的阶段，这不仅说明交通基础设施的完善有助于本地区要素流动，降低运输成本，而且有助于周边地区发展，进而推动经济效率的提升；而在经济权重下三大地区基础设施对经济效率的影响随着城镇化的推进显著性明显提高的同时，正向效应越大。（3）政府决策。政府决策的系数为正值且通过显著性水平 1% 的检验，说明其对中国地区经济效率存在正向影响，根据现阶段中国地方政府将经济增长作为激励机制，使地方政府产生“为增长而竞争”的动力，这极大地推动了中国经济的增长，而且在经济距离矩阵下，东、中、西部的政府决策对区域经济效率的影响是不断加深的。（4）经济开放程度（open）。从全国层面看，新型城镇化战略提出使三大区域对外开放程度提高，在一定程度上能够说明经济对外开放有利于经济效率提升。

## 四、模型的稳健性检验

为了能够进一步检验上述回归结构的稳健型以及尽可能地缓解可能存在的内生性问题，本书做了以下准备：首先，在使用静态空间杜宾模型的基础上引入动态空间杜宾模型更具有合理性，由于动态空间杜宾模型能在考虑新型城镇化的动态效应和空间溢出效应的基础上，有效地缓解内生性问题[47]；其次，考虑到新型城镇化发展对经济效率的影响可能会产生区域差异性，所以在全国层面回归基础上从东、中、西部分区域进行考察，模型回归结果基本上保持不变，即城镇化对经济效率的影响效应基本上保持一致；最后，通过变换空间权重矩阵（见表5－9），由于前面使用的是反距离权重矩阵与经济空间权重矩阵，因此将距离与经济相结合引入经济地理矩阵进行检验，模型回归结果显示基本上保持一致，这说明在一定程度上证实了结果的稳健性。

**表5－9　　　　稳健性检验结果**

| | 动态 | | 静态 | |
|---|---|---|---|---|
| | 个体固定 | 时期固定 | 时期固定 | 个体固定 |
| Wlntfp | 0.0919***<br>(－2.59) | 0.0543<br>(－1.46) | 0.0369<br>(－0.0349) | 0.475***<br>(－0.0229) |
| L. lntfp | 1.007***<br>(－83.53) | 1.019***<br>(－237.61) | | |
| L. Wlntfp | －0.622***<br>(－16.04) | 0.173***<br>(－4.43) | | |
| Lnurb | 1.164***<br>(－43.24) | 0.118***<br>(－8.43) | 0.680***<br>(－0.0556) | 0.0875*<br>(－0.0449) |
| lnfin | －0.00605<br>(－0.67) | －0.0287***<br>(－5.61) | 0.0713***<br>(－0.0208) | －0.0583***<br>(－0.0157) |
| lninf | 0.122***<br>(－11.4) | 0.0550***<br>(－10.06) | －0.120***<br>(－0.022) | 0.0378**<br>(－0.0171) |

续表

| | 动态 | | 静态 | |
|---|---|---|---|---|
| | 个体固定 | 时期固定 | 时期固定 | 个体固定 |
| lnopen | 0.0237***<br>(-5.9) | 0.000846<br>(-0.44) | 0.0431***<br>(-0.00763) | -0.0364***<br>(-0.00689) |
| lngov | 0.0720***<br>(-4.25) | 0.123***<br>(-14.21) | -0.822***<br>(-0.0317) | -0.0690***<br>(-0.0287) |
| Wlnurb | 7.605***<br>(-107.18) | 1.241***<br>(-36.85) | -0.151<br>(-0.134) | -0.372***<br>(-0.119) |
| Wlnfin | 0.192***<br>(-10.96) | -0.122***<br>(-9.44) | 0.147***<br>(-0.0528) | 0.224***<br>(-0.0284) |
| Wlninf | 0.470***<br>(-17.62) | 0.485***<br>(-33.45) | 0.203***<br>(-0.0584) | 0.350***<br>(-0.0424) |
| Wlnopen | 0.194***<br>(-21.21) | 0.0103**<br>(-2.15) | -0.0384**<br>(-0.0192) | -0.0284*<br>(-0.0158) |
| Wlngov | 0.748***<br>(-21.05) | 0.858***<br>(-45.31) | 0.542***<br>(-0.0721) | 0.747***<br>(-0.0535) |
| $R^2$ | 0.5128 | 0.8659 | 0.2004 | 0.1532 |
| Variance | 0.0149*** | 0.0172*** | 0.279*** | 0.0446*** |
| sigma2_e | (-44.42) | (-44.68) | (-0.00662) | (-0.00107) |
| N | 3288 | 3288 | 3562 | 3562 |

注：* $p<0.05$，** $p<0.01$，*** $p<0.001$。

基于2005~2017年中国274个地级城市的面板数据就新型城镇化对经济效率的影响进行分析，研究结果表明：①总体上，我国城镇化能够促进经济效率的提升，且表现为明显的正向溢出效应；传统的城镇化（2012年之前）发展抑制经济效率的提升，其在经济空间权重下溢出效应显著为负向，在反距离权重下正向的空间溢出效应相对微弱，而新型城镇化发展对经济效率则表现为明显的促进作用，其空间溢出效应表现为显著的正向效应。②分区域来看，东部地区城镇化发展对经济增长效率产生负向的影响效应，而中西部和全国呈现相同的趋势，即新型城镇化发展促进区域经济效率的提升，其中，中部地区的城镇化发展对经济效率的提升作用并不显著，这可能是城镇化发展并不是中部地区经济效率提升的原因之一。③从控制变量角度，政府行为、基础设施、经济开放程度从全国层面来说对经济效率的提升作用是显著的，且空间溢出效应表现为明显的正向效应，随着新型城镇化战略的实施，其对经济效率提升虽表现明显的区域差异性，但是总体上改善了区域经济效率，而金融发展则不同，从全国层面来看，其空间溢出效应受到经济网络的影响对经济效率表现为负向的影响效应，东、中部地区金融发展的空间溢出效应为正向且相对较弱，而西部则表现出负向的溢出效应。

研究结论的主要政策性启示表现在：第一，转变发展模式，目前新型城镇化战略的实施取得显著的成效，在城镇化发展过程中，由于部分城市还存在传统城镇化发展的弊端，因而根据中国独具区域特色发展环境实行差别化发展政策，现阶段，面临我国正处于经济结构转型升级阶段，新型城镇化作为经济增长的重要引擎，稳定推进新型城镇化进程显得尤为重要。第二，转变发展思路，中国经济由粗放型转向集约型的增长模式，同时，中国政府不能以“唯 GDP”论为发展目标，片面地追求经济增长的速度，而应该以更加高质量、高效率的更加稳定经济增长为目标，实现“质”与“量”并存的发展观念，积极引导社会参与者转变经济发展思路，推动经济效率的进一步提升。第三，在城镇化推进过程中，政府应该重视基础设施和金融行业的发展，进一步增加城市的人力资本。从长期来看，以城镇化为载体，集聚生产要素为经济活动提供需求，从而推动城市经济效率的进一步提升。

# 第六章 新型城镇化对城乡融合发展的实证检验

城镇化是各种经济要素在时空上综合变化的集中体现，是农村人口不断向城市转移、城市文明不断向农村传播、城乡关系不断变迁的过程。伴随着经济社会在时间和空间两个维度上的变迁，城市和乡村的地理边界和户籍分野不断消解，城乡经济社会关系的地理空间和管理空间不断融合。当前，城乡二元结构没有得到根本性的改变，城乡经济发展仍存在显著差距，城乡要素分配不均衡，城乡居民收入差距大，城乡居民基本权益不平等问题仍较突出。城乡一体化发展是城镇化发展的根本目标之一，新型城镇化是推动城乡一体化的有效途径。长期以来，城乡二元结构阻碍了城乡融合发展，片面追求城镇规模扩张、速度增长的发展模式导致城乡区域发展不平衡。城镇化发展推动城乡融合抑或阻碍城乡融合，是城镇化理论问题研究以及新时期如何构建新型城乡关系的重要课题。而城镇化的高质量发展能否推动城乡经济、空间、生态、社会等方面融合发展的关键，在于如何妥善解决传统城镇化发展过程中环境污染、要素流动、制度保障等方面的弊端，科学构建城镇化促进城乡融合发展的体制机制。

城镇化建设过程中城乡关系不断演变，国外学者关于城镇化与城乡关系的内在联系研究相对丰富，早在1970年就发现城乡一体化合作可以促进城市经济的发展。新古典城市化理论认为城乡二元结构是由城乡分工、专业化程度引起的交易效率的差异以及城市和农村各自所处的经济成长阶段不同形成的，城乡二元结构是城市、乡村非均衡发展的结果。马克思明确提出，“城乡对立”和“城乡融合”等概念，并指出城乡分割只有在私有制的条件下才能存在，如何打破城乡分割的壁垒，完成对城乡融合发展的初步探索？我国如何从城乡分割走向城乡融合发展？国内学者就相关问题做了大量研究，李文宇（2015）基于空间经济学的分析框架，通过理论与实证相结合的方法，分析指出市场、规模经济、生活成本、拥挤成本、市场一体化是推动城乡关系发展的五大效应因素，提出城乡关系不同阶段城镇化建设发挥着不同作用的观点。城镇化发展到一定水平，为缩小城乡收入差距，协调城乡经济关系提供必要的物质保障。佩鲁在发展增长极理论中指出城市的带动作用存在差别的地域效应，地理空间上的产业集聚不仅可以改变城市的地理环境，还可以改变城市的经济结构，促进要素集聚，但是城市化的发展没有解决城乡分割的状态，传统城镇化的盲目扩张加剧了城乡分割的问题，影响城乡关系的协调融合发展。另外，城镇化的滞后、城镇化的城乡差别效应也影响城乡结构的协调性。

实证方面，现有研究多集中于省级层面。李宾通过主成分分析并借助平稳性检验等方法证明城镇化可能促进、也可能抑制城乡统筹的发展；杨振宁（2008）采用 VAR 模型建立冲击响应函数深入探讨两者间的动态关系，即城镇化对城乡统筹的影响存在长期性；刘国斌基于耦合协调模型对中国的城镇化与城乡一体化的协调度进行评价，由于地域的差异性，两者的协调程度存在差异性；廖祖君等（2019）在论证经济聚集对城乡融合发展的影响中提出，控制变量城镇化水平显著地促进城乡融合的发展。

系统梳理现有文献发现：（1）城镇化对城乡融合发展的影响以理论定性研究为主，定量研究相对较少，而从理论层面探析城镇化对城乡融合发展的影响机制研究亦不足；（2）现有实证研究中城乡关系指标尚未统一，忽视了城乡融合发展在经济、人口、社会、空间、生态环境等方面的科学内涵；（3）现有文献多是基于传统计量经济学，地区之间相互独立的假设下进行的分析，这显然不符合地区经济相互联系的客观现实，根据地理学第一定律，任何事物间都存在空间相关性，且距离远近影响着空间相关性的强度（Tobler，1970），忽视了空间因素的传统回归存在偏误。基于此，本书在深入探析城镇化影响城乡融合发展的机理前提下，同时鉴于城乡关系在不同时期具有不同特征，以及不同区域城镇化发展水平存在差异的客观事实，通过构建空间计量模型，为研究不同时期以及东、中、西部不同区域城镇化对城乡融合发展的作用提供经验证据。

## 一、城镇化影响城乡融合发展的机理分析

从本质上来说，城镇化的发展过程是市场化条件下农村经济向城镇流动的过程。普雷德①、基布尔与古多尔对经济集聚的研究发现“需求导向原理”，认为以输出型为主体的产业存在人口与就业增加以及地方政府财政收入增加等连锁效应。而区位理论强调“集聚”，即不同区位要素在空间上的聚集产生不同效应，获得不同空间发展优势，经济集聚增加了财富积累、基础设施和技术投入。由于城乡间财富积累水平和能力、基础设施、技术投入等存在差异性，要想实现城乡融合发展，需要城乡间要素具有同等的地位，生产要素集聚能够产生高效益。

在城镇化发展的第一阶段，在外部规模经济的作用下，农村的资源要素开始向城镇不断聚集，促进城镇经济发展的同时使农村经济发展受到影响。要素不断向城市聚集的同时，吸引了大批企业的进入，企业的入驻解决了就业，促进当地经济的发展，城乡间的差距拉大。当城镇化的发展处于第二阶段时，由于企业数目不断的增加，进而导致城镇空间与环境承载压力增大，城镇经济集聚效应达到饱和状态，根据边际收益递减的规律②，当农村的生产要素流向城市，城市的要素积累不断增加并超过某个特定值时，再次的要素流入带来城市要素边际收益递减。同时，受到城镇空间、环境等的影响，部分企业生产的社会成本提高，形成外部不经济，进而城镇生产要素自发向农村回流，城镇企业也会选择性地迁移到生产成本较低的农村，这一过程极大地促进农村经济的发展，缩小城乡差距，有助于城乡融合发展。基

① 普雷德尔．区位理论及其与一般经济学的关系［J］．政治经济学杂志，1928：588.

② 边际收益递减规律，亦称边际产量递减规律，指短期生产过程中，在其他的条件不变的前提下，增加某种生产要素的投入，当该生产要素投入数量增加到一定的程度以后，再增加一单位的该要素所带来的效益是递减的。

于以上分析本书提出两个假设：

假设 1：在城镇化发展的第一阶段，农村生产要素不断流向城市，农村生产要素的流失影响农村经济的发展，使城乡收入差距不断增大，掣肘城乡融合的发展，即城镇化发展初期，制约着城乡融合的发展。

假设 2：在城镇化发展的第二阶段，要素的集聚达到一定阶段，生产成本受到城镇空间、环境等影响不断增强，使生产要素由城市向农村回流，在一定程度上带动农村经济发展，即城镇化在一定程度上促进了城乡融合的发展。

城镇化发展与城乡融合发展逻辑框图如图 6 – 1 所示。

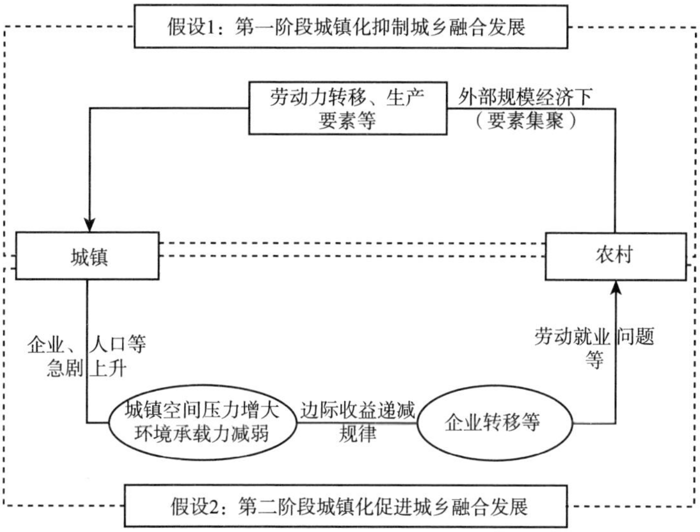


**图 6 – 1　城镇化发展与城乡融合发展逻辑框图**

## 二、城乡融合指数测度

城乡融合发展的科学内涵是深刻、丰富而具体的，城乡融合发展不仅要实现经济、社会、空间上的融合，还包括人的融合以及人与自然的和谐共处，恩格斯明确提出城乡分割破坏了人与自然的和谐共生关系，人的发展是城乡融合发展的核心。结合李勤、周江燕等学者的研究，本书从经济、社会、空间、人口、环境五个维度建立城乡融合发展程度的评价体系（见表6-1）。

表6-1　　　我国城乡融合发展程度的测度指标

| 变量 | 指标层 | 指标体系 | 指标方向 | 指标权重 |
|---|---|---|---|---|
| 城乡融合发展程度 | 经济融合发展 | 城乡人均GDP（元/人） | 正向 | 0.0509 |
| | | 财政支出中农业支出占比（%） | 正向 | 0.0481 |
| | | 非农产业增加值占比 | 正向 | 0.0006 |
| | | 城乡消费支出趋同度 | 逆向 | 0.0071 |
| | | 城乡固定资产投资比 | 逆向 | 0.1559 |
| | 人口融合发展 | 城乡私营企业就业人数比 | 逆向 | 0.0782 |
| | | 城市乡村人口密度之比 | 逆向 | 0.0426 |
| | 社会融合发展 | 每万人拥有医疗床位数（张/万人） | 正向 | 0.0115 |
| | | 城镇登记失业率（%） | 逆向 | 0.0113 |
| | | 城乡家庭每人文娱教育消费支出比 | 逆向 | 0.0206 |
| | 环境融合发展 | 工业固体废弃物综合利用率（%） | 正向 | 0.0187 |
| | | 森林覆盖率（%） | 正向 | 0.0568 |
| | | 乡村绿化覆盖率（%） | 正向 | 0.0487 |
| | 空间融合发展 | 城乡每百户拥有计算机数量比 | 逆向 | 0.0187 |
| | | 城乡人均道路面积拥有量比 | 逆向 | 0.3102 |
| | | 城乡用水普及率之比 | 逆向 | 0.0145 |

为了避免主观因素带来的偏差和指标正向、负向的影响，本书选取熵值法计算城乡融合的综合发展指数，客观对权重进行赋值，如果该指标的离散程度越大，说明该指标对城乡融合发展综合指数的影响

效果越显著。本书借鉴杨丽、廖祖军、宋志军等人的研究，具体的计算公式如下。

本书是对我国30个省区市（西藏数据缺失）跨度12个年份的16个指标体系5760个数据进行标准化的处理，对于正向指标的数据处理：

$$\chi'_{ijt} = \frac{\chi_{ijt}}{\chi_{ijt(max)}} \tag{6-1}$$

负向指标的处理：

$$\chi'_{ijt} = \frac{\chi_{ijt(min)}}{\chi_{ijt}} \tag{6-2}$$

其中，$\chi'_{ijt}$表示第t个年份的第j个省份的第i个指标的标准化处理后的数值，$\chi_{ijt}$是第t个年份的第j个省份的第i个指标下的数值，而$\chi_{ijt(max)}$、$\chi_{ijt(min)}$分别表示所有年份的所有省份的第i指标下的最大值以及最小值。

各指标下的熵值的计算：

$$P_{ijt} = \frac{\chi'_{ijt}}{\sum_{t=1}^{T}\sum_{j=1}^{N}\chi'_{ijt}} (N = 1,2,3\cdots;T = 1,2\cdots) \tag{6-3}$$

$$e_i = -\frac{1}{\ln(TN)}\sum_{t=1}^{T}\sum_{j=1}^{N}(P_{ijt} \times \ln P_{ijt}) \tag{6-4}$$

计算各指标的权重系数：

$$w_i = \frac{1 - e_i}{\sum_{i=1}^{M}(1 - e_i)} \tag{6-5}$$

最后，计算我国城乡融合发展的程度：

$$cxrh_{jt} = \sum_{i=1}^{M}\chi'_{ijt} \times w_i \tag{6-6}$$

对已用熵权法处理后的数据进行平均化，得出我国城乡融合发展水平的综合排名情况，结果如表6－2所示。

表 6－2　　我国城乡融合发展度 2006～2017 年平均综合得分及排名

| 区域 | 省份 | 城乡融合度 | 排名 | 区域 | 省份 | 城乡融合度 | 排名 |
|---|---|---|---|---|---|---|---|
| 东部 | 北京 | 0.2114 | 2 | 中部 | 安徽 | 0.1661 | 21 |
| | 天津 | 0.1450 | 28 | | 江西 | 0.1912 | 8 |
| | 河北 | 0.1742 | 15 | | 河南 | 0.1770 | 14 |
| | 辽宁 | 0.1796 | 12 | | 湖北 | 0.1672 | 20 |
| | 上海 | 0.1960 | 7 | | 湖南 | 0.1791 | 13 |
| | 江苏 | 0.2021 | 4 | | 广西 | 0.1969 | 6 |
| | 浙江 | 0.2464 | 1 | 西部 | 重庆 | 0.1625 | 24 |
| | 福建 | 0.2096 | 3 | | 四川 | 0.1900 | 26 |
| | 山东 | 0.1979 | 5 | | 贵州 | 0.1719 | 16 |
| | 广东 | 0.1855 | 10 | | 云南 | 0.1659 | 22 |
| | 海南 | 0.1867 | 9 | | 陕西 | 0.1609 | 25 |
| 中部 | 山西 | 0.1706 | 17 | | 甘肃 | 0.1323 | 30 |
| | 内蒙古 | 0.1559 | 27 | | 青海 | 0.1636 | 23 |
| | 吉林 | 0.1699 | 18 | | 宁夏 | 0.1801 | 11 |
| | 黑龙江 | 0.1691 | 19 | | 新疆 | 0.1348 | 29 |

注：中国地区层面的划分：东部地区包括北京、天津、河北、辽宁、上海、江苏、浙江、福建、山东、广东、海南；中部地区包括山西、内蒙古、吉林、黑龙江、安徽、江西、河南、湖北、湖南、广西；西部地区包括重庆、四川、贵州、云南、陕西、甘肃、青海、宁夏、新疆。

从表 6－2 中可以看出，我国东部地区的城乡融合发展程度普遍高于其他地区，其中排在前 10 位的东部地区就包括 8 个，分别是北京、上海、江苏、浙江、福建、山东、广东、海南。另外，我国的城镇化水平发展呈现东部、中部、西部逐步递减的趋势，这在一定程度上证明假设 2 的存在，即当城镇化发展到一定水平后，能够更好地促进城乡融合发展。

## 三、变量说明与模型构建

### （一）变量说明

1. 解释变量。

城镇化的发展水平采用城镇化率来表示，城镇化率在一定的程度上可以表示农村人口向城市的转移，表现一个地区城镇的发展现状，即以城镇人口占常住人口的比重来表示城镇率。

2. 控制变量的引入。

①金融发展（fd）。金融资本市场风险的客观存在以及受到资金成本的影响使穷人无法进入市场进行融资活动，错失获得高风险高收益的投资机会，而富人却可以获得机会，进而金融市场的发展严重地影响经济收入的协调发展。同样的中国城市金融促进了城市的发展水平，而农村金融的发展抑制农村居民的收入，加剧城乡二元经济结构的严重性，城乡居民的收入差距不断扩大。本书将金融发展表示为金融机构年底贷款余额占 GDP 的比重，该指标值越小表明金融发展的效率越高，对农村居民的处境就越不利，对缩小城乡收入差距的可能性就越小。②土地制度（ls）。土地市场是否良性，关乎城乡分割还是城乡融合，良性的土地市场促进城乡融合的发展，而扭曲的土地市场掣肘城乡融合的发展，城乡二元结构加剧。总体上，我国的市场化水平还是比较偏低的，并且土地市场化水平与城乡居民收入差距间呈现倒“U”形关系，构建土地利用效率变量为人均城市建成区面积占总面积的比重来表示。③政府决策的偏向性（gb）。用政府财政支出占 GDP 的比重来表示政府行为，主要是在城乡二元结构下，地方政府的财政支出具有城市的偏向性，这导致城乡融合发展出现滞缓的现象，扩大城乡收入的差距，掣肘城乡融合的发展。④经济密度（jjmd）。参考沈体雁对经济密度的研究，即单位土地面积上经济集聚程度，不仅

代表一个地区经济的发展水平，还为政府制定宏观经济政策与区域协调发展提供重要的依据。因此，本书选用 GDP 总量与行政单位面积的比值来表示经济的密集程度。⑤城乡收入差距（cxsrcj）。我国城乡二元经济体制的存在，城乡收入的差距问题始终未得到解决，城乡收入差距制约着城乡融合的发展。根据相关学者大量的研究，本书选用泰尔指数①来表示城乡收入的差距更加合理。其值越小，城乡间的收入差距就越小（见表 6－3）。

**表 6－3　　变量说明及描述统计**

| 变量 | 变量名（取对数） | 样本总量 | 均值 | 标准差 | 最小值 | 最大值 |
|---|---|---|---|---|---|---|
| 被解释变量 | 城乡融合程度（cxrh） | 360 | －1.751 | 0.196435 | －2.198 | －0.823 |
| 解释变量 | 城镇化水平（czh） | 360 | 3.945 | 0.246284 | 3.312 | 4.495 |
| 控制变量 | 城乡收入差距（cxsrcj） | 360 | －2.007 | 0.348131 | －3.237 | －0.692 |
| | 金融发展程度（fd） | 360 | 2.950 | 0.529231 | －1.018 | 4.138 |
| | 政府决策偏向性（gb） | 360 | －0.355 | 0.209437 | －2.513 | 0.084 |
| | 土地制度（ls） | 360 | －0.284 | 0.153981 | －0.984 | 0.539 |
| | 经济密度（jjmd） | 360 | －2.025 | 1.37152 | －10.982 | 2.439 |

以上指标数据来自《中国统计年鉴》《中国城市建设统计年鉴》以及各省区市的统计年鉴、中经网统计数据库，本书以中国 30 个省区市（对于数据缺失严重的西藏地区给予剔除）为研究样本，对于部分缺失的数据则采用插值法予以替代。

### （二）模型设定

1. 空间相关性的检验。

美国地理学家 Tobler 在 1970 年提出地理学第一定律（TFL），即任何事物或属性在空间分布上都互为相关，存在集聚、随机、规则分

① 泰尔指数（Theil index），亦称泰尔熵标准，作为衡量个人之间或者地区之间收入的差距（或者称不平等度）的指标。

布，且距离相近的事物或现象之间存在比距离相远的事物或现象之间更加密切的关系。城镇化与城乡融合发展之间在空间上可能存在某种紧密的关联，引入普通二乘法并不能对空间上的相关性进行观察，本书选用在空间计量中常用来检验空间相关性的莫兰指数（Anselin，1988），并且根据莫兰指数判断城镇化与城乡融合发展是不是适用空间计量回归，莫兰指数的取值范围 $I \in (-1,1)$，当 $I \in (-1,0)$ 时，城镇化与城乡融合在空间上呈现负相关，且值越大负相关的程度就越低；当 $I \in (0,1)$ 时，城镇化与城乡融合之间呈现正相关，且值越大正相关的程度的就越高，从全局莫兰指数（Global Moran's I）的角度考察整个空间序列的空间集聚状况。其计算公式如下：

$$\text{Moran's I} = \frac{\sum_{i'=1}^{M'}\sum_{j'=1}^{N'} w_{i'j'}(Y_{i'} - \overline{Y})(Y_{j'} - \overline{Y})}{s^2 \sum_{i'=1}^{M'}\sum_{j'=1}^{N'} w_{i'j'}} \tag{6-7}$$

其中，$s^2 = \sum_{j'=1}^{N'}(Y_{j'} - \overline{Y})^2$，$\overline{Y} = \frac{\sum_{i'=1}^{N'} Y_{i'}}{N'}$，$Y_{i'}$ 表示城市 $i'$ 的观测值，$w_{i'j'}$ 为空间权重矩阵中的元素。地理相邻和地理距离空间权重矩阵被国内外学者广泛使用，本书在地理临近的原则下，选用地理邻接空间权重矩阵。

$$W_{i'j'} = \begin{cases} 1, & i'\text{区域与 } j'\text{区域有公共的边界} \\ 0, & i'\text{区域与 } j'\text{区域没有公共的边界，或 } i' = j' \end{cases} \tag{6-8}$$

即城市 $i'$ 与城市 $j'$ 是否相连来判断空间 $i'$ 与 $j'$ 影响与否，当 $i'$ 区域与 $j'$ 区域相连时取值为 1，反之，取值为 0，则空间矩阵元素由 0 和 1 组成，对角线上的元素全部为 0。

2. 空间全局相关性检验结果分析。

本书通过对 2006 ~ 2017 年中国 30 个省区市的城镇化水平指标进行全局 Moran's I 计算，从表 6 - 4 中可以看出，我国城镇化的发展存在明显的空间依赖性，莫兰指数的取值均大于 0，即表明我国城镇化的发展在空间上表现正的空间相关性，且莫兰指数均通过显著性为1%的显著性水平，城镇化的空间集聚能力大致上可以分为三个阶段，即2006~2010年为空间依赖程度上升的阶段，2011~2014年为下降的阶段，而2015~2017年又处于上升的阶段。整体上，城镇化的空间相关性是处于不断上升的趋势，城镇化具有空间集聚的能力也在不断增强。

**表6-4　2006~2017年我国城乡融合发展程度及城镇化发展的空间自相关性结果**

| 年份 | 城乡融合程度（cxrh） | | | 城镇化（czh） | | |
|---|---|---|---|---|---|---|
| | Moran's I 值 | Z 值 | P 值 | Moran's I 值 | Z 值 | P 值 |
| 2006 | -0.2 | -1.546 | 0.061 | 0.305 | 2.973 | 0.001 |
| 2007 | 0.294 | 3.039 | 0.001 | 0.31 | 3.017 | 0.001 |
| 2008 | 0.238 | 2.468 | 0.007 | 0.311 | 3.027 | 0.001 |
| 2009 | 0.324 | 3.261 | 0.001 | 0.319 | 3.095 | 0.001 |
| 2010 | 0.236 | 2.295 | 0.011 | 0.323 | 3.111 | 0.001 |
| 2011 | 0.385 | 3.58 | 0.000 | 0.321 | 3.089 | 0.001 |
| 2012 | 0.494 | 4.452 | 0.000 | 0.309 | 2.977 | 0.001 |
| 2013 | 0.44 | 4.015 | 0.000 | 0.309 | 2.976 | 0.001 |
| 2014 | 0.357 | 3.797 | 0.000 | 0.302 | 2.919 | 0.002 |
| 2015 | 0.303 | 2.852 | 0.002 | 0.314 | 3.011 | 0.001 |
| 2016 | 0.312 | 2.895 | 0.002 | 0.322 | 3.083 | 0.001 |
| 2017 | 0.295 | 2.756 | 0.003 | 0.346 | 3.289 | 0.001 |

进一步，还可以通过Z值的大小观察城镇化空间相关性的强弱，即空间聚集程度的强弱，Z值越大，一般可以表示为此阶段的城镇化空间集聚程度高，例如，2017年我国城镇化的莫兰指数值达到最大，即值为0.346，正的空间相关性越强，P值在显著性水平1%时就通过检验，且Z值也达到最大值3.289，从而表明在2017年城镇化的空间

集聚程度最大，而在 2014 年，Z 值最小且莫兰指数通过 P 值的显著性检验，虽然莫兰指数值大于 0，表示正的空间相关性，但是 2014 年的空间聚集程度相比于 2017 年的城镇化空间聚集程度比较弱。

我国城乡融合发展程度在空间上也存在明显的空间依赖性，除了 2006 年我国的城乡融合发展程度城乡负的空间相关性，其他年份都表现为正的空间相关性，且通过了显著性水平的检验（见表 6－4）。另外，为了能够进一步探索城乡融合发展程度与城镇化的发展水平间的空间相关性，本书利用莫兰散点图进行分析（由于篇幅的原因，只展示 2017 年）城乡融合发展与城镇化发展的聚集区域，根据莫兰散点图可以判断异常值的存在或者哪些地区出现集聚现象，即高高集聚（HH）、高低集聚（HL）、低高集聚（LH）、低低集聚（LL）四个象限。从图 6－2 与表 6－5 中可以看出，城镇化与城乡融合呈现高高集聚（HH）的空间相关性主要集中在东部地区，即上海、江苏、浙江、福建；中部地区大体上表现为高的城乡融合发展程度伴随着较低的城镇化发展水平；而西部地区表示为明显的“低低—低低”的集聚效应，突出的省区分别是四川、陕西、甘肃、青海、宁夏、新疆；因此可以初步判断我国的城乡融合发展与城镇化的发展水平存在空间上的依赖性。

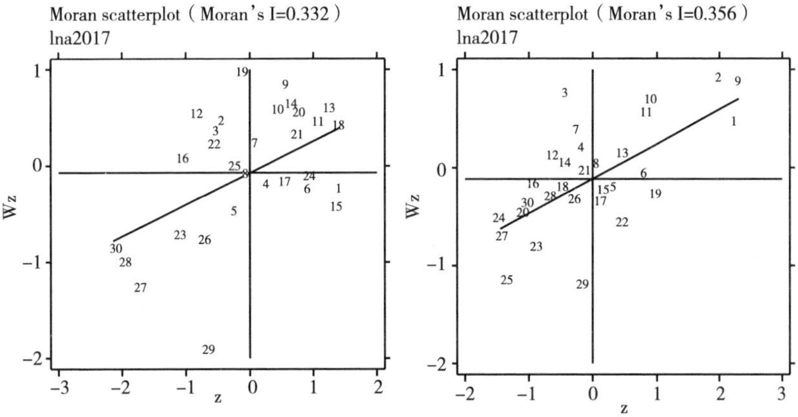


**图 6－2　2017 年我国城镇化与城乡融合空间散点图**

表 6-5　2017 年我国各省区市的空间集聚分布状况

| 区域 | 省份 | 城乡融合 | 城镇化 | 区域 | 省份 | 城乡融合 | 城镇化 |
|---|---|---|---|---|---|---|---|
| 东部 | 北京 | HL | HH | 中部 | 安徽 | LH | LH |
| 东部 | 天津 | LH | HH | 中部 | 江西 | HH | LH |
| 东部 | 河北 | LH | LH | 中部 | 河南 | LH | LL |
| 东部 | 辽宁 | HL | HL | 中部 | 湖北 | HL | LL |
| 东部 | 上海 | HH | HH | 中部 | 湖南 | HH | LL |
| 东部 | 江苏 | HH | HH | 西部 | 广西 | HH | LL |
| 东部 | 浙江 | HH | HH | 西部 | 重庆 | LH | HL |
| 东部 | 福建 | HH | HH | 西部 | 四川 | LL | LL |
| 东部 | 山东 | HL | HL | 西部 | 贵州 | HL | LL |
| 东部 | 广东 | LH | HL | 西部 | 云南 | LH | LL |
| 东部 | 海南 | HH | LH | 西部 | 陕西 | LL | LL |
| 中部 | 山西 | HL | LH | 西部 | 甘肃 | LL | LL |
| 中部 | 内蒙古 | LL | HL | 西部 | 青海 | LL | LL |
| 中部 | 吉林 | LH | LH | 西部 | 宁夏 | LL | LL |
| 中部 | 黑龙江 | LL | LH | 西部 | 新疆 | LL | LL |

3. 模型的设定。

不考虑空间效应的情况下，本书构建普通静态面板模型探讨城镇化与城乡融合发展的态势，利用 2006～2017 年的中国省级静态面板数据进行探讨，模型构建如下：

$$
\begin{aligned}
lncxrh_{jt} = {} & \rho W\ lncxrh_{jt} + \alpha_1\ lnczh_{jt} + \alpha_2\ lncxsrcj_{jt} + \alpha_3\ lnfd_{jt} \\
& + \alpha_4\ lnjjmd_{jt} + \alpha_5\ lnls_{jt} + \alpha_6\ lngb_{jt} + \beta_1 W\ lnczh_{jt} \\
& + \beta_2 W\ lncxsrcj_{jt} + \beta_3\ Wlnfd_{jt} + \beta_4\ Wlnjjmd_{jt} \\
& + \beta_5\ Wlnls_{jt} + \beta_6\ Wlngb_{jt} + \mu_j + \gamma_t + \varepsilon_{jt}
\end{aligned}
\tag{6-9}
$$

其中，$j_t$ 表示第 j 个省份的第 t 个年份；考虑到城乡融合发展程度可能存在空间集聚的效应，本书选用空间计量模型进行回归分析，模型构建如下：

$$\varepsilon_{jt} = \lambda W \varepsilon_{jt} + \mu_{jt} \tag{6-10}$$

$$\varepsilon_{jt} = \lambda W \varepsilon_{jt} + \mu_{jt} \tag{6-11}$$

其中，W 为空间权重矩阵，u 表示空间固定效应，r 表示时间固定效应，ε 是随机扰动项，λ 表示空间误差系数；因此，空间计量模型存在以下情况：①如果 $\lambda=0$，则为“空间杜宾模型”（SDM）；②如果 $\rho=\beta=0$，则为“空间误差模型”（SEM）；③如果 $\lambda=\beta=0$，则为“空间滞后模型”（SLM），具体的模型使用还需要进行检验。

## 四、实证结果分析

### （一）模型的选择

本地区城镇化的发展会对城乡融合度产生影响的同时，周边地区城镇化发展可能也会对本区域城乡融合发展产生影响。另外，我国城镇化与城乡融合在空间上具有显著的空间相关性，引入空间因素是合理的。为了能够验证空间要素引入的必要性，本书运用普通最小二乘法（OLS）在不考虑空间自相关性的前提下进行因变量或残差回归，以 LM 检验结果判断是否引入空间要素，在表 6－6 中可以看出，回归残差的 Morans’Ⅰ值表现为较强的正的空间相关性，且通过了显著性 1% 的水平。同时，无论是 LM(error)、LM(lag) 还是 LM(robust error)、LM(robust lag) 都通过显著性水平 1%（见表 6－6），拒绝不存在空间自相关性的原假设。

表 6－6　　LM 检验结果

| LM 检验 | 数值 | 自由度 | P 值 |
|---|---|---|---|
| Moran’s Ⅰ | 0.973 | 1 | 0.0000 |
| Lagrange multiplier | 44.87 | 1 | 0.0000 |
| Robust Lagrange multiplier | 13.374 | 1 | 0.0000 |
| Lagrange multiplier | 74.019 | 1 | 0.0000 |
| Robust Lagrange multiplier | 42.523 | 1 | 0.0000 |

为了能够选择更为恰当的空间计量模型，在考虑空间效应的基础上，本书对空间面板数据进行豪斯曼检验，经 Hausman 检验选择固定效应模型较为合适，另外，运用 LR 与 Wald 检验判断是否将空间杜宾模型退化为空间滞后模型或者空间误差模型，检验结果如表 6－7 所示，在 LR 检验中，个体和时点的固定效应检验均拒绝原假设，而双固定效应下则不能拒绝原假设，同时，这两种不同的固定效应也通过了 Wald 检验，因此本书选择个体与时点不同的固定效应下的空间杜宾模型。

**表 6－7　　LR 和 Wald 检验结果**

| LR 检验 | | 个体固定效应 | 时点固定效应 | 双固定效应 |
|---|---|---|---|---|
| 原假设 H0：（r＝0）“选择空间滞后模型” | LR 统计量 | 11.49 | 32.61 | 7.23 |
| | LR（P 值） | 0.0032 | 0.0000 | 0.2997 |
| 原假设 H0：（r＋δ β＝0）“选择空间误差模型” | LR 统计量 | 6.56 | 28.02 | 7.23 |
| | LR（P 值） | 0.00375 | 0.0000 | 0.2997 |
| Wald 检验 | | 个体固定效应 | 时点固定效应 | 双固定效应 |
| 原假设：接受空间滞后模型 | Wald 统计量 | 5.12 | 19.18 | |
| | P 值 | 0.0237 | 0.0000 | |
| 原假设：接受空间误差模型 | Wald 统计量 | 9.25 | 33.13 | |
| | P 值 | 0.0098 | 0.0000 | |

## （二）模型结果分析

1. 普通面板回归。

本书首先运用最小二乘法（OLS）进行回归分析，在不考虑空间因素下，可以看出城镇化的发展在一定程度上推动城乡融合发展，由于在前面已经验证引入空间因素是合理的，因此 OLS 回归是存在误差的。另外，在静态面板回归中，采用逐步引入变量的方法消除可能存在的多重共线性，同时，经 Hausman 检验选择固定效应模型进行逐步回归，结果如表 6－8 所示。

表 6-8 OLS 和静态面板回归结果

| 变量名 | OLS | 静态面板固定效应 | | | | | |
|---|---|---|---|---|---|---|---|
| | | lncxrh | lncxrh | lncxrh | lncxrh | lncxrh | lncxrh |
| lnczh | 0.0486 | -0.596*** | -0.573*** | -0.454*** | -0.493*** | -0.495*** | -0.489*** |
| | -0.0392 | -0.0791 | -0.079 | -0.0821 | -0.0848 | -0.0843 | -0.0865 |
| lncxsrcj | -0.0826*** | | -0.0581** | -0.0534** | -0.0514** | -0.0529** | -0.0503** |
| | -0.0284 | | -0.0226 | -0.0221 | -0.0221 | -0.0219 | -0.0233 |
| lnfd | -0.0583 | | | -0.117*** | -0.122*** | -0.124*** | -0.124*** |
| | -0.044 | | | -0.028 | -0.028 | -0.0279 | -0.028 |
| lngb | -0.154*** | | | | 0.0978* | 0.0881 | 0.0864 |
| | -0.0183 | | | | -0.056 | -0.0558 | -0.0561 |
| lnls | 0.0792 | | | | | 0.159** | 0.160** |
| | -0.0624 | | | | | -0.0691 | -0.0692 |
| lnjjmd | 0.00904 | | | | | | 0.00196 |
| | -0.00709 | | | | | | -0.00596 |
| Constant | -1.633*** | 0.600* | 0.392 | 0.28 | 0.487 | 0.538 | 0.525 |
| | -0.187 | -0.312 | -0.32 | -0.313 | -0.334 | -0.333 | -0.336 |
| Observations | 360 | 360 | 360 | 360 | 360 | 360 | 360 |
| Number of region | 30 | 30 | 30 | 30 | 30 | 30 | 30 |

注：***、**、*分别代表1%、5%、10%显著性水平。

通过静态面板回归，城镇化的系数为负值，表明城镇化水平对城乡融合的发展是负向影响，即城镇化的发展制约城乡融合的发展。而政府决策“偏向性”以及土地使用效率的系数则为正，分别在10%、5%水平上显著，这说明政府加强对农村建设的投入和土地使用效率的提高，都在一定程度上促进了城乡融合发展。城乡收入差距以及金融发展程度系数为负值，说明城乡收入差距的扩大以及金融发展水平的提高会导致城乡融合水平降低，出现这一现象的可能原因是城镇与农村收入水平存在较大差距，农村经济发展滞后于城镇经济发展，农村金融体系发展相对不够完善。此外，农村劳动力的不断减少和人口老龄化的提高在某种程度上能够影响城乡融合的发展。

2. 整体空间杜宾模型回归。

我国城镇化发展道路是曲折的，传统城镇化发展的弊端日益显露，迫切需要解决传统城镇化带来的问题，如“摊大饼式”的城镇空间扩张、环境污染、就业压力增大等，党的十八大明确提出“中国特色新型城镇化发展战略”，本书分为两个时间节点，2006～2012年和2012～2017年两个时间段进行探讨，目的在于对近年来我国城镇化转型发展对城乡融合的作用进行检验。本书采用空间固定效应与时点固定效应两种效应的空间杜宾模型，采用 Stata 15，对空间杜宾模型进行回归估计（见表6－9）。

**表6－9　全国层面空间杜宾模型 SDM 结果**

| 变量（取对数） | 空间杜宾模型 SDM | | | |
|---|---|---|---|---|
| | 2006～2012年 | | 2012～2017年 | |
| | 空间固定效应 | 时期固定效应 | 空间固定效应 | 时期固定效应 |
| lnczh | －0.905*** <br>（－0.284） | －0.0249<br>（－0.0542） | 0.365*<br>（－0.215） | 0.256***<br>（－0.0547） |
| lncxsrcj | －0.0255<br>（－0.0228） | 0.0118<br>（－0.0365） | 0.0530**<br>（－0.0234） | 0.00902<br>（－0.0399） |
| lnfd | －0.0127<br>（－0.0528） | 0.0888*<br>（－0.0526） | 0.204<br>（－0.129） | －0.0755<br>（－0.0571） |
| lngb | 0.0339<br>（－0.132） | －0.0936***<br>（－0.0301） | －0.0392***<br>（－0.0149） | －0.0779***<br>（－0.0174） |
| lnls1 | －0.0296<br>（－0.0773） | 0.0623<br>（－0.0811） | 0.0334<br>（－0.0625） | 0.0476<br>（－0.0614） |
| lnjjmd | －0.0089<br>（－0.00843） | 0.00247<br>（－0.0108） | 0.00157<br>（－0.00469） | 3.56E－05<br>（－0.00871） |
| Wlnfd | | | 0.0559<br>（－0.199） | |
| Wlngb | －0.316**<br>（－0.159） | －0.275***<br>（－0.0638） | －0.0122<br>（－0.0246） | －0.101***<br>（－0.0376） |
| Wlnls1 | | | | 0.326***<br>（－0.097） |
| Wlnjjmd | 0.0287***<br>（－0.00984） | | | |
| rho | 0.267***<br>（－0.084） | －0.0791<br>（－0.0966） | 0.152<br>（－0.12） | 0.199*<br>（－0.106） |

续表

| 变量（取对数） | 空间杜宾模型 SDM | | | |
|---|---|---|---|---|
| | 2006 ~ 2012 年 | | 2012 ~ 2017 年 | |
| | 空间固定效应 | 时期固定效应 | 空间固定效应 | 时期固定效应 |
| sigma2_e | 0.0118***<br>(−0.00116) | 0.0246***<br>(−0.0024) | 0.00370***<br>(−0.000428) | 0.0115***<br>(−0.00133) |
| Observations | 210 | 210 | 150 | 150 |
| R − squared | 0.044 | 0.335 | 0.193 | 0.446 |
| Number of region | 30 | 30 | 30 | 30 |

注：***、**、*分别代表1%、5%、10%显著性水平。

传统城镇化发展时期（2006 ~ 2012 年），城镇化发展水平的高低对城乡融合发展的影响程度如何，城镇化发展是否抑制城乡融合发展？实证结果表明：①城镇化水平（lnczh）在空间维度下表现为负向影响效应（−0.905），在1%显著性水平上，而在时间维度下，城镇化发展对城乡融合发展在一定程度上呈现负向效应，只是现阶段不够明显；②土地使用效率（lnls）、城乡收入差距（lncxsrcj）经济密度（lnjimd）都对城乡融合发展存在较弱的影响效应；③政府的偏向性（lngb）在时间维度下，模型的估计系数为负值（−0.0936），在1%水平上显著，表明其对城乡融合发展呈现明显的负相关效应，在空间维度下，政府决策对城乡融合发展的影响效应较弱，但是邻省政府的决策对其城乡融合发展表现为显著的负向效应，制约城乡融合发展。

新型城镇化战略的提出，破除传统城镇化发展观念，强调“以人为本”，注重经济、社会、环境等方面的融合发展。2012 ~ 2017 年城镇化对城乡融合发展的影响效应，实证结果表明：①城镇化水平（lnczh）无论在空间固定效应还是在时间固定效应上，它的回归系数均为正值，且分别通过显著性水平为10%、1%的检验，表明城镇化的发展水平对城乡融合发展程度呈现正向效应，即城镇化发展推动城乡融合发展；②政府的偏向性（lngb）估计系数均为负值，在1%水平上显著，表明在城乡二元结构下，政府的财政支出具有城市的偏向性，加大城乡间的差距，制约着城乡融合的发展；③土地使用效率（lnls）的提高有助于促进城乡融合的发展，虽然并未通过显著性检验，但促进效应是存在的，政府需要在土地使用效率方面加强监控，提高土地的集约化利用。

3. 地区层面空间杜宾模型。

考虑到不同地区经济社会发展水平的差异，本书分别对我国东、中、西部地区进行模型回归（见表6－10）。

**表6－10　　我国东、中、西部空间杜宾模型回归结果**

| 变量 | 时期固定效应 SDM | | | | | |
|---|---|---|---|---|---|---|
| | 2006～2012年 | | | 2012～2017年 | | |
| | 东部 | 中部 | 西部 | 东部 | 中部 | 西部 |
| lnczh | －0.141*<br>（－0.0858） | －0.475***<br>（－0.101） | 0.0506<br>（－0.106） | 0.0436<br>（－0.0912） | －0.628***<br>（－0.131） | －0.0101<br>（－0.112） |
| lncxsrcj | －0.00895<br>（－0.0425） | －0.0687**<br>（－0.0289） | －0.215***<br>（－0.0784） | －0.00902<br>（－0.0441） | 0.00892<br>（－0.0293） | －0.0434<br>（－0.0628） |
| lnfd | 0.247**<br>（－0.0989） | －0.0246<br>（－0.0397） | 0.324***<br>（－0.0947） | －0.0993<br>（－0.0739） | －0.193**<br>（－0.0903） | 0.0596<br>（－0.101） |
| lngb | －0.0217<br>（－0.0525） | 0.241***<br>（－0.0815） | －0.0999<br>（－0.0634） | －0.0991***<br>（－0.0352） | 0.0885<br>（－0.0825） | －0.0935***<br>（－0.0201） |
| lnls1 | 0.0115<br>（－0.0303） | －0.0356**<br>（－0.0181） | 0.00227<br>（－0.0172） | 0.0261**<br>（－0.0112） | －0.0334*<br>（－0.0193） | －0.0583***<br>（－0.0197） |
| lnjjmd | 0.0346**<br>（－0.0136） | －0.00206<br>（－0.0077） | －0.101***<br>（－0.0297） | 0.0137<br>（－0.0151） | －0.00917<br>－0.00785 | 0.0362<br>（－0.0223） |
| Wlnczh | | | | 0.287**<br>（－0.127） | －2.361***<br>（－0.347） | |
| Wlncxsrcj | | | | | 0.135***<br>（－0.05） | |
| Wlnfd | 0.979***<br>（－0.148） | | | | | －0.962***<br>（－0.27） |
| Wlngb | －0.427***<br>（－0.102） | | | | 0.505***<br>（－0.148） | |
| Wlnls1 | | | | | －0.242***<br>（－0.0463） | －0.157***<br>（－0.0467） |
| Wlnjjmd | | | －0.156***<br>（－0.035） | | －0.0348**<br>（－0.015） | |

续表

| 变量 | 时期固定效应 SDM | | | | | |
|---|---|---|---|---|---|---|
| | 2006～2012 年 | | | 2012～2017 年 | | |
| | 东部 | 中部 | 西部 | 东部 | 中部 | 西部 |
| rho | -0.573*** (-0.0989) | -0.328** (-0.146) | -0.576*** (-0.154) | -0.287** (-0.123) | -0.248* (-0.136) | 0.0316 (-0.199) |
| sigma2_e | 0.0102*** (-0.00171) | 0.00442*** (-0.000756) | 0.0102*** (-0.00189) | 0.00990*** (-0.00173) | 0.00314*** (-0.00058) | 0.00666*** (-0.00128) |
| Observations | 77 | 70 | 63 | 66 | 60 | 54 |
| R-squared | 0.449 | 0.303 | 0.032 | 0.165 | 0.035 | 0.168 |
| Number of region | 11 | 10 | 9 | 11 | 10 | 9 |

注：***、**、*分别代表1%、5%、10%显著性水平。

结果表明：2006～2012 年中部地区与东部地区城镇化对城乡融合表现出显著的负向效应，城镇化发展在一定程度上对城乡融合发展程度具有抑制作用，而西部地区则与之不同，城镇化发展推动城乡融合的发展，虽未表现为明显的显著性，但在一定程度上可以表示为城镇化发展促进城乡融合发展。其中，以东部地区为例，城镇化水平的系数为 -0.141，在10%的水平上显著，表明城镇化水平的提高在很大程度上制约着城乡融合的发展，城乡间的差距在不断扩大。这可能是东部地区城镇化发展水平迅速提高，人口大规模集聚，经济生产要素从农村流向城市，造成农村生产要素流失，城乡资源配置不均衡的原因。在新型城镇化建设后，在一定程度上东部地区城镇化发展推动了城乡融合发展，回归结果显著性较弱的可能原因是新型城镇化发展对城乡融合的促进作用尚处于起步的阶段。

在控制变量中，中、东、西部地区城乡收入差距的系数均为负值，且中、西部地区分别在5%、1%的水平上显著，表明城乡收入差距的扩大对城乡融合发展呈现负向效应，即城乡收入差距制约着城乡融合发展，在城乡二元经济结构下，缩小城乡收入差距是城乡融合发展的重要内容。东部地区与西部地区金融发展系数均为正值，且均显著，金融发展程度的提升对城乡融合具有正向效应，而中部地区均表现为负向效应，可能的原因是中部地区农村金融机构供给相对不足，并且小型金融机构由于管理成本过高导致信用风险较大，进而影响了农村居民获得贷款，同时，东部地区由于经济相对发达，拥有丰富的金融资源，能够为农村居民提供更加便利的信贷支持，这一结果的政策启示在于，政府应当加强推动东部地区农村金融的发展，这有利于城乡融合整体水平的提升。此外，W × lnfd 的系数为正（0.979），在1% 水平上显著，这表明东部地区城乡融合受到邻省金融发展的正向推动作用；新型城镇化战略实施后，西部地区 W × lnfd 的系数为负值（ -0.962），在 1% 水平上显著，这表明在西部地区邻省金融发展在一定程度上抑制了城乡的融合。邻近地区政府决策对本地区城乡融合发展影响效应在 1% 水平上显著，其中，邻近地区对东部地区的影响效应为负值（ -0.427），说明邻近区域政府偏向性水平的提高抑制东部地区城乡融合的发展，而新型城镇化战略实施后中部地区则表现为正向效应，邻近区域财政支出的提高以及中部地区财政支出的提高对其城乡融合的发展是正向效应，推动了城乡融合的发展。

## 五、结论与建议

本书对全国 30 个省区市城乡融合发展水平进行测度，我国城镇化与城乡融合均存在正向空间相关性，表现出空间集聚特征，进而引入空间效应，通过构建空间计量模型，实证研究城镇化发展对城乡融合的影响，研究结果表明：(1) 从全国范围来看，不考虑空间效应，在普通最小二乘法（OLS）模型中，城镇化发展助推城乡融合发展，而在静态面板模型中，逐一引入变量，城镇化水平的提高制约城乡融合发展，政府财政支出、土地利用效率以及经济密度的提高是推动城乡融合发展的；引入空间要素的情况下，2006 ~ 2012 年城镇化发展抑制城乡融合发展，城乡融合尚处于发展初期，城镇化与城乡融合发展的第一阶段，空间要素的集聚使生产要素从农村流向城市，导致农村经济发展的滞后，城乡间差距不断拉大，抑制城乡融合发展。随着城镇化转型发展，城镇化对城乡融合发展的影响表现为明显的正向效应，这与本书的假设二是相符合的，表明要素的集聚达到饱和阶段，生产成本受到城镇空间、环境等的影响不断增强，使生产要素由城市向农村回流，在一定程度上带动农村经济的发展，即城镇化在一定程度上促进了城乡融合发展。（2）东、中、西部城镇化发展对城乡融合的影响效应存在显著的区域异质性。（3）金融发展对东、中、西部城乡融合也表现出同样的空间异质性，其中，西部地区的影响效应较大；政府决策的影响效应在东部与西部比较显著，在一定程度上抑制城乡融合发展。

当前，我国城镇化水平不断提高，传统城镇化已经不能满足社会发展的需要，新型城镇化的提出为城乡融合发展提供了良好契机，转变了传统城镇化发展模式，新型城镇化在强调以人为核心的基础上更加注重创新，以创新发展模式协调城乡区域间发展，推进城乡融合，让城乡发展更具有活力。因此，推进城乡深层次融合，要在城镇化发展达到一定阶段前提下，通过要素集聚不断向饱和状态演进，根据边际收益递减规律，城市要素产生回流现象，促进农村经济发展，最终实现城乡双向自由流动的态势。在这一过程中，首先，人作为城乡融合发展的核心，要切实保障人的权益，实现城乡人口在空间上的自由流动，为人民提供均等化的公共服务设施、一体化的社会治理体系等，让城镇人口与农村人口实现双向流通，让城与乡只是行政上的划分，没有质的区别；其次，在城乡资源方面，实现市场要素的均衡配置，健全合理的分配机制，为城乡要素的自由流动和优化配置提供基础。农村的人力、资本、土地等要素合理地流向城市，而城市的要素则有序地流向农村，实现城乡要素的双向流动，推动城乡融合可持续发展。此外，政府决策作为城乡关系的调节机制，打破以往政府财政支出偏向城市的现象至关重要。

# 第七章 新型城镇化促进经济效率提升的路径分析

新型城镇化战略既是经济社会发展的必然要求，也是国家意志推动的结果。同时也是国家治理体系与治理能力渗透到城镇化战略的动力与模式选择、空间布局、功能定位等内容的实践过程。

## 一、推进关键环节和重点领域改革

新型城镇化是一个系统工程，从推进思路看，应以产业发展为保障、市场驱动为动力、民生保障为抓手、城市功能和综合承载能力提升为重点的现代化治理格局，城镇化变外延式发展为内涵式发展。打通重点领域和关键环节，释放制度红利，促进全要素生产率的提升。一是户籍制度改革，尽管中央和地方对户籍制度改革进行了多种有益的尝试，但其根深蒂固以及错综复杂的经济关系注定这场改革的艰难，要充分考量新时期户籍制度的功能定位以及实现机制，剥离户籍对社会资源与福利的原有分配秩序，使其回归到为居住者提供普惠性公共管理和服务的预期上来；二是土地制度改革，其核心在于探索土地使用权流转的新形式和土地增值价值的分权改革，目标是抑制地方政府的土地使用权定价垄断，提高土地增值的民众收益比例；三是财税金融体制改革，坚持在财权、事权一致原则下调整央地关系、优化税制结构，实现融资渠道多样化、融资机制市场化以及融资监管法治化。

农民工及其随迁家属在教育、就业、医疗、养老、保障性住房等方面无法平等享受城镇居民的基本公共服务，城镇内部出现突出的二元结构矛盾，制约了城镇化对扩大内需和结构升级的推动作用，也存在社会风险隐患。当前，为实现农业转移人口市民化，应着重完善公共服务制度，深化户籍制度改革，畅通农业转移人口利益表达渠道，建立适应农业转移人口市民化趋势的公共财政分担机制。完善农业转移人口市民化过程中的成本分担和利益协调，一方面，要深化户籍制度和土地流转制度改革，完善人、财、物在城乡之间的合理流动，引导农业转移人口较快落户城市；另一方面，要努力实现城乡基本公共服务均等化，实现基本公共服务常住人口的全覆盖，降低转移人口享受基本公共服务的门槛，缩小城乡公共服务水平差距。此外，国家积极实行居住证制度等模式探索，使农民工市民化的制度成本不断下降，而住房、教育、医疗等现实成本的增加成为解决农民工市民化问题新的突出矛盾。“农民工”问题的根本解决，既要打破户籍制度壁垒，也要降低城市公共服务建设滞后、教育卫生资源紧张、高房价等生活成本隐性“户籍墙”的影响。城镇化的主体是人，尤其是农民，但长期以来，他们参与决策和分享发展成果的水平较低。如果农民工、失地农民和相关弱势群体权利保障失衡格局不破，我们将与人的城镇化道路渐行渐远。

传统城镇化道路以政府推动为主导，土地城镇化快于人口城镇化，城市面积大规模扩张，依靠大规模投资拉动基础设施建设以促进经济增长，这种动力源单一、利益分配失衡的推进模式在全国范围内普遍存在，也带来了就业压力、资源趋紧、环境破坏、交通拥堵、房价高企等“城市病”。市场要发挥资源配置的决定性作用，释放城镇化对经济发展的正外部性，就必须打破地区间行政壁垒，实现要素自由流动，提升要素配置效率。行政壁垒是各地方政府以行政区划为“依据”和“准则”，为实现区域内利益最大化，对市场活动进行的不合理干预。行政边界的存在会阻碍地区间社会、经济、文化交流，导致不同区域消费行为（包括欲望、能力、偏好）的差异，并成为市场分割产生的原动力。政府主导的被动城镇化模式孕育于我国特殊的时代要求和发展目标中，有其特殊的政治经济背景，然而，当前城镇化实践仍需要政府的强力推动，但基于对发展的新期望，让市场在资源配置中发挥决定性作用，政府角色应当由动力提供转变为责任引导，所谓引导是指发展方向引导、市场规范、过程监督。

中国社科院城市发展与环境研究所发布的《城市蓝皮书：中国城市发展报告 No. 8》指出，发达国家工业起步早，城镇化发展经历了漫长的时间，与我国不同，它们先是经历了产业集聚，而后带动了人口的转移。与许多欠发达国家类似，我国在推动城镇化发展的过程中，尤其是发展的初期阶段，以被动的城镇化模式为主，由于经济不发达，产业体系不健全，就业岗位相对不足，无法满足转移人口的就业需求。产业竞争力往往被认为是经济持续稳定发展的可靠保障，产业是经济体系的核心内容，当前，构建现代化产业体系是优化经济结构、转变增长方式、转换发展动能的战略任务，也是应对国外经济政治环境不确定性的必然要求。需要指出的是，产业结构转型和现代化产业体系构建不是短时间就能实现的，受到许多因素的制约。一方面城乡居民消费升级需求无法释放，另一方面现有供给结构无法满足消费升级需求。系统性思考产业体系建设，做好顶层设计，不断提升我国自主创新能力，充分发挥市场配置资源的决定性作用，大力发展生产性服务业，从而实现经济高质量发展。

## 二、加强城市现代化治理，提升城市综合承载力

正如我们所知，相对发达国家而言，我国城镇化发展历程历时较短，城镇化发展速度较快，快速大规模的城市建设在极短的时间内可能汇聚了大量经济冲突和社会矛盾，加强城市现代化治理十分迫切，要最大限度地消除、缓和这些问题，从而实现多元文化、异质性个体、利益冲突带来的结构性风险。城市是人、自然、环境、生态、管理、法制、文明的有机体，政府基于国家管理体制，通过行政手段、财政手段，增强个人、企业等主体积极行为意识和生产生活效能与质量。正如习近平所指出的，把人民对美好生活的向往作为核心工作。城市建设、公共服务、食品安全、环境治理都是人们最为关心，与人民生活最直接相关的内容。充分利用大数据、云计算、人工智能等先进技术，构建“城市大脑”，以提升城市治理现代化、智能化水平。充分调动社会各主体的积极性，形成市民、政府、社会、市场广泛参

与、多方协作的城市治理共同体。

城市发展质量与城市治理水平密切相关，随着农业人口向城市转移，农村地域向城市风貌转变，农民生活方式以及思想观念与城市接轨，以及城市间分工合作、联动发展的程度不断提升。衡量城市综合治理能力需要考察城市系统的“承载力强度”，测度其对人口、经济、交通、资源与环境的承载支撑能力，而城市综合承载力质量与城市发展过程中各种生产要素的协调配置能力密切相关，包括城市建设、空间布局、经济社会功能、产业规划、环境治理、区域协调等内容的系统性安排和谋划，这些目标的实现需要强有力的城市治理作为枢纽。城市发展的核心是人，实现就业方式、人居环境、社会保障等内容的科学发展，最终目标是满足人们对于美好生活的向往和追求。这也是城市经济高质量发展的应有之义，城镇化过程中不断提升城市现代化治理水平，有效增强城市的综合承载能力，才能实现城市健康有序发展。

## 三、突破制度“瓶颈”，实现社会整体利益的最大化

新型城镇化以人的城镇化为根本要求，人指每一个公民，淡化身份属性、地域属性，突破利益固化，具有制度安排的整体性和治理的能动性。中央做出了“五位一体”的总体发展布局，一方面，这一顶层设计需要科学的政策体系作支撑，在中央战略部署下，各级地方政府结合当地实际，科学制定实施计划和实施方案，完善相关配套政策；另一方面，要发挥好不同部门、不同层级、不同类型政策间的协同作用，从而保证战略实施“落地性”。各行政单元及职能部门要建立制度化的协商机制，最大限度地实现信息交流与共享，通过微观层面的协同发展，实现“组织内”政策目标一致性和政策效果的最大化。当前以及未来一段时期，制度建设任务仍较为艰巨，主要原因在于，国内外经济政治形势复杂，我国处于经济社会转型发展的关键时

期，面临新风险、新考验、新任务和新要求，制度建设为经济社会有序开展提供机制保障，为科学规范、有效统筹改革发展，释放制度动能。经历了大规模的城市建设，我国出现了突出的结构性问题以及环境治理压力，城乡发展失衡，城乡利益格局存在一定程度的撕裂，国家实施乡村振兴战略，推进城乡要素的市场化配置，这是对缩小城乡差距做出的实践努力。与此同时，农民工回流和要素向乡村流动已经成为未来一段时期的公共理性选择，农村文化教育和乡村治理也会进入发展的快速通道。

二元化制度阻碍了城镇化的健康发展。现行的户籍管理、土地管理、社会保障、财税金融、行政管理等制度，在一定程度上固化了已经形成的城乡利益失衡格局，制约了农业转移人口市民化和城乡一体化发展。未来城镇化不是简单的农民身份到市民身份的转变，更重要的是产业结构、就业方式、人居环境和社会保障等内容由“乡”到“城”的转变，其中制度创新是新型城镇化得以实现的重要保障。如何通过制度创新，让农业转移人口公平地享受城市发展的成果，如何通过制度设计让农村居民在城镇化和农业现代化过程中过上幸福生活，让城市居民在国家经济高速发展的同时，享受城市生态文明，始终是城镇化发展的根本任务所在。当前，在推动城镇化发展的过程中，要进一步深化改革，创新体制机制，充分发挥市场作用，统筹推进城镇化在人口管理、土地管理、财税金融、住房保障、行政服务、生态环境等领域的体制机制改革，破解城镇化发展的制度约束；要建立完善的合作机制，推动政策改革，将单方面倾向性政策转变为整体均衡联动性政策，并根据实际情况进行动态优化调整；要优化开放经济环境和制度环境，着力构建有效的对外开放新格局；要鼓励和支持地区之间、企业之间、产业园区之间构建合作机制，推动地理位置相近、产业和资源禀赋互补的地区或产业园区融合发展，探索共同管理的合作模式，提高创新水平与发展效率，建立互利共赢的利益分享和成本分担机制。

## 四、提升城市物质载体空间与心理认知空间

城镇化是一个利益关系调整和社会结构重构的过程，过程伴随着空间特征的演变。(1) 物质载体空间演变。当前，我国处于城市快速发展阶段，城市是我国经济、社会活动的主要空间载体，作为区域经济发展增长极的作用不断凸显。但快速发展带来的环境污染、交通拥堵、公共设施不足、资源短缺、突发自然灾害频现等“城市病”，已日益成为制约我国经济社会高质量发展的一大阻碍。从方法论的角度来看，所有有关经济发展的理论都具有典型的时代特征和历史发展的局限性。一方面，我国城市发展的历程证明，西方城镇化理论并不完全适合中国，我们对西方城镇化理论和城市发展道路的总结与反思也远远不够；另一方面，传统的城市理论在其自身发展过程中必须不断提出反思与批判。这种理论反思是习近平新时代中国特色社会主义思想方法论的重要内容。就其实质而言，这是从中国实际出发，对辩证唯物主义和历史唯物主义世界观和方法论的创新性发展。现代化国家治理体系具有协同性、根本性、全局性和长期性的特征，面对社会结构和社会观念变化带来的冲击，干部频繁调动带来的政绩短视，资源环境趋紧与经济纵深发展要求的矛盾，行政区划桎梏和联动发展制度缺失带来的溢出成本增加，以及国外日益复杂的经济政治环境带来的不确定性，新型城镇化以实现全面深化改革为根本目标，注重顶层设计和整体布局，协同推动各领域系统性、整体性改革。(2) 心理认知空间演变。城市具有生活的便利性、生产的集中性与管理的组织化特点，这意味着人们生产生活方式升级和交往方式的转变。在生活方式、价值理念、人际关系和社会心理遭遇外部环境大变化的背景下，人们对个体收益、社会认同、公平正义、法制道德的参与度和认同感不断加强，并快速发展，这是避免个体被社会疏离和剥夺的有效手段，同时，城镇化所内蕴的正向发展价值得以存续。

当前，世界经济面临越来越突出的不确定性，贸易保护主义剑拔弩张，长期宽松的货币政策带来流动性过剩，资产泡沫和贫富差距现象不断恶化，全球经济结构性失衡突出，需求不足严重阻碍了全球经济的稳定向好发展。与此同时，我国被美国政府无端视为惩罚性关税的首要目标，面对复杂严峻的外部环境，中国比过去任何时候都更加急需降低经济对外国市场需求和高额投资的依赖，转向培育可持续的国内消费。城市是地区高质量资源的集聚点、经济增长的极化点和引擎，城镇化是经济社会高质量发展最根本的动力之一。

截至 2018 年底，我国城镇化率为 59.58%，与发达国家 80% 左右的水平相比还有较大差距，尤其是中西部地区城镇化水平相对较低，城镇化提升的空间还有很大。柳博隽（2008）认为我国人均 GDP 在 2006 年已超过 1000 美元，根据钱纳里关于城镇化与经济发展关系的定量描述，我国城镇化水平应该达到 65%，从而作出城镇化水平滞后 20 个百分点的论断。城镇化与经济发展互为因果，城镇化对经济增长具有重要拉动作用的观点已经被广泛接受，然而，城镇化水平和速度与经济增长是否相互协调，需要我们进行深入研究，完全照搬相关理论和国外历史经验很难客观反映我国城镇化发展的特殊性。新时期，如何通过打造新型城镇化 2.0 升级版驱动经济高质量发展？这一课题具有重要的理论价值和现实意义。高质量经济发展要求高质量的新型城镇化，包括高质量人的城镇化、城乡融合的城镇化、区域协调空间优化的城镇化、可持续发展的城镇化以及智慧型城镇化等内容。以新型城镇化建设为抓手，拉动总需求，调整经济结构，完善城乡基础设施建设和社会保障制度，必将对经济社会的高质量发展起到重要的推动作用。如基础设施建设，尽管总体规模较大，但人均存量只相当于西欧的 1/3、北美的 1/4。此外，近年来涌现出一批城市群，但城市群大而不强，粤港澳大湾区面积分别是纽约湾区、东京湾区、旧金山湾区的 2.6、4.15、3.1 倍，但人均 GDP 只有它们的 32%、41%、18%。可以预见，通过新型城镇化建设，资源节约、环境保护、居民收入增加以及过程中带来人的获得感和幸福感的提升必然带动经济高质量发展。从近60%的水平提升到80%能够给经济社会带来怎样的质的变化？这是一件充满无限想象的事情。

采用散点图和拟合曲线的方法研究城镇化对经济增长、居民消费和投资等方面的影响发现，随着城镇化水平的提高，当城镇化率达到50%以后，对经济增长和消费的拉动作用有下降趋势，在城镇化发展初级阶段对城镇居民消费拉动作用较明显，当达到一定水平以后，这种拉动作用开始下降。统计分析结果表明，城镇化对农村居民消费水平的拉动作用相对持续和平稳，这一结论的重要政策启示在于，未来城镇化驱动经济发展的重点在于扩大农村地区消费（见图7－1）。

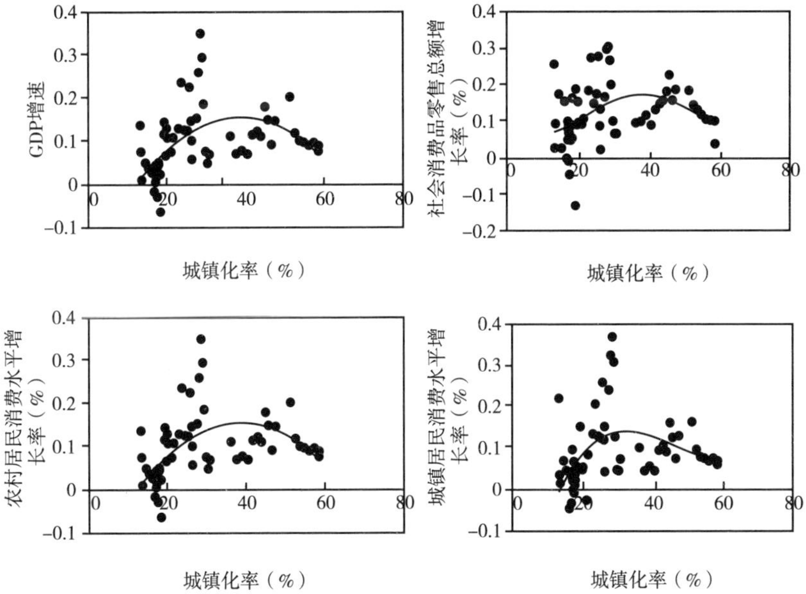


**图7－1　1952～2018年城镇化率增速与各变量增速散点图与拟合曲线**

## 五、大力实施乡村振兴特色小镇战略，自内而外本土化渐进式发展

特色小镇是城镇化水平发展到较高阶段的产物，已经成为我国经济由高速发展向高质量发展转型的新抓手。特色小镇具有特殊的地理环境，它一头连着城市，一头连着乡村，起着城市与乡村发展的桥梁作用。近年来，特色小镇在各地区拔地而起，成为助力供给侧结构性改革，乡村振兴战略的重要抓手。以安徽省为例，小城镇建设取得一定成效，截至目前，安徽省拥有省级以上特色小镇 25 个，其中，国家级特色小镇 15 个，省级“非镇非区”特色小镇 43 个，其中，省级试验特色小镇 18 个。安徽省特色小镇建设取得成就的同时，还面临诸多问题。例如，一方面，小镇特色文化挖掘不深。安徽省拥有浓厚的徽州文化色彩，在特色小镇建设中，虽然原有文化得以保护，但同时，缺乏深度挖掘具有本地特色的“软文化”，集产业、旅游、文化等功能于一身，融入安徽独特的地域文化特色的小镇建设尚不足。另一方面，市场推动作用不明显。由于发展或塑造特色小镇的产业基础和生产要素不足，市场机制发挥不充分，政府与市场边界模糊。在特色小镇建设过程中，政府应该起到引导的作用而非主导的作用，进而以市场化机制、充分发挥本地资源禀赋，推动安徽省特色小镇建设。此外，还存在小镇建设推进速度较慢、特色小镇相似度高、小镇定位不准等问题。

当经济发展到一定阶段，文化和意识等精神层面需求不断提高，改变传统思维，更新观念才能实现城乡和区域之间真正融合。一方面，改变过去对农村的偏见，重新认识乡村经济和乡村文化，理性判断未来农业发展前景。把农业发展成为欣欣向荣的产业，把农村建设成为充满生机的地方，把农民当成受人尊敬的职业。另一方面，在现代经济环境下实施农业规模化、组织化、商业化生产的同时，积极开

展小农经济，做强做特小农经济，这既是由农业生产规模小且相对分散的特征决定的，也是保护乡村特色文化的有效手段。根据乡村不同发展实际、资源禀赋，实行差异化原则，因地制宜，选择适合的发展方向，科学把握乡村的差异性和发展走势分化特征，深入探索各地区乡村振兴的实践路径和发展模式，做好顶层设计，充分发挥政策的协同效应，真正实现城乡共同发展以及城乡融合发展的目标。

## 六、提升城市群和中心城市综合承载能力，激发城市自治

当前，我国处于城市经济快速发展阶段，但快速发展带来的环境污染、交通拥堵、公共设施不足、资源短缺、突发自然灾害频现等“城市病”，已日益成为制约我国经济社会高质量发展的一大阻碍。随着城市发展对人口、资源、交通、环境的需求持续增强，尤其是长三角、京津冀、珠三角等发展水平较高的城市群综合承载力受到严峻挑战，而中西部地区城市综合承载力潜力相对没有完全释放，从总体上看，我国经济规模与城市基础设施、资源环境、公共服务的综合承载能力不匹配。从方法论的角度来看，所有有关经济发展的理论都具有典型的时代特征和历史发展的局限性。一方面，我国城市发展的历程证明，西方城市发展理论并不完全适合中国；另一方面，传统的城镇化理论在其自身发展过程中必须不断提出反思与批判。这种理论反思是习近平新时代中国特色社会主义思想方法论的重要内容。就其实质而言，是从中国实际出发，对辩证唯物主义和历史唯物主义世界观和方法论的创新性发展。现代化国家治理体系具有协同性、根本性、全局性和长期性的特征，面对社会结构和社会观念变化带来的冲击，出现干部频繁调动带来的政绩短视，资源环境趋紧与经济纵深发展要求的矛盾，行政区划桎梏和联动发展制度缺失带来的溢出成本增加，以及国外日益复杂的经济政治环境带来的不确定性等情形。因此，现代化治理体系以实现全面深化改革为根本目标，注重顶层设计和整体

布局，协同推动各领域系统性、整体性改革。

城镇化过程中的“城市病”具有一定普遍性，提高城市承载力水平是解决“城市病”的有效手段。我国的城镇化道路不同于西方发达国家，与欠发达国家也有所差异，这主要源于我国特殊的产业集聚和人口转移路径和机制。从发展机制上看，应发挥市场在要素配置、人口流动、产业集聚过程中的决定性作用，政府科学统筹和规划，弥补可能的市场“失灵”现象的发生，从而建立市场主导、政府引导、公众参与的联动机制。遵循城市经济发展规律，根据城市职能与类型，合理规划城市发展定位和功能体系。

## 七、以促进农民工市民化为重点，回归人的城镇化的本质

农民工问题是我国城镇化过程中的特有问题，2014 年中共中央、国务院印发的《国家新型城镇化规划》，把解决好农业转移人口市民化问题作为新型城镇化发展的首要任务。近年来，我国流动人口规模仍处于上升趋势，根据国家统计局《2018 年农民工监测调查报告》数据显示，2018 年我国农民工总量 28836 万人，比上年增长 0.6%，外出农民工 17266 万人，比上年增长 0.5%，其中，省外就业的 7594 万人，比上年减少 81 万人，省内就业的 9672 万人，比上年增加 162 万人，这表明就地就近城镇化已经成为新的发展模式和趋势。农业转移人口市民化对促进城乡劳动力自由流动、提高全社会劳动生产力、增加农民工群体收入、扩大国内消费市场以及社会稳定都具有重要意义。统筹考虑城市布局、地域布局和产业布局，从政策、权利、居住、收入、文化等多个方面体制机制设计，使农民工获得身份、工作、公共服务的市民待遇，并最终实现农民工与城市居民融合、与城市文化生活融合，是农民到流动就业的新移民、再到新市民的本质要求。

农民工市民化需要解决住房、医疗、社会保障、子女教育等多方

面问题，这也是农民工市民化的难点所在。当前，实现农业转移人口市民化要完善公共服务制度，深化户籍制度改革，畅通农业转移人口利益表达渠道，建立适应农业转移人口市民化趋势的公共财政分担机制。完善农业转移人口市民化过程中的成本分担和利益协调，一方面要深化户籍制度和土地流转制度改革，完善人、财、物在城乡之间合理流动，引导农业转移人口较快落户城市；另一方面努力实现城乡基本公共服务均等化，实现基本公共服务常住人口的全覆盖，降低转移人口享受基本公共服务的门槛，缩小城乡公共服务水平差距。此外，国家积极实行居住证制度等模式探索，使农民工市民化的制度成本不断下降，而住房、教育、医疗等现实成本的增加成为解决农民工市民化问题新的突出矛盾。“农民工”问题的根本解决，既要打破户籍制度壁垒，也要降低城市公共服务建设滞后、教育卫生资源紧张、高房价等生活成本隐性户籍“墙”的影响。

## 八、促进工业化、信息化、城镇化、农业现代化协调互动发展

党的十八大报告指出，坚持走中国特色新型工业化、信息化、城镇化、农业现代化道路，推动工业化与城镇化良性互动、城镇化与农业现代化相互协调，促进工业化、信息化、城镇化、农业现代化同步发展。工业化和城镇化良性互动，是现代经济社会发展的显著特征，是城市可持续发展的重要途径。从经济发展史的内在逻辑看，城镇化和工业化是相伴而生的。工业化是城镇化的经济支撑，是城镇化的发动机，没有工业化就没有城镇化。城镇化是工业化的空间依托，是工业化的加速器。我国 2010 年超过美国成为世界第一大工业国，2018 年工业增加值 30.5 万亿元（4.58 万亿美元），约占全球 24%。工业增加值率为 22%～23%，与发达国家 35%～40% 的水平相差较大，工业效率有待提高，2018 年我国劳动生产率每人每年 11.6 万元，只有世界平均水平的 40%。

促进工业化和城镇化的良性互动。一是通过工业化推动城镇化，走新型工业化道路，创造更多的就业岗位，转移更多的农村劳动力。要对工业进行合理布局，实现工业企业的相对集中，推进工业项目进园区，让更多劳动力在一个地区进行聚集。二是通过城镇化带动工业化，打造良好的投资环境和人居环境，工业化过程是一个资本等生产要素集聚的过程，既需要提供配套齐全的基础设施，打造良好的投资硬环境，也需要打造诚实守信、投资者利益得到切实保护的良好人文政策环境，打造包括方便快捷的交通服务、均衡优质的教育文化资源、适宜人居的自然环境等，此外，还需要注重高素质人才队伍的建设。

## 九、促进城乡要素流动，推动城乡融合发展

改革开放40多年，中国经济社会发展取得了举世瞩目的成就，2018年中国经济再上新台阶，经济总量突破90万亿元，按可比价格计算，比上年增长6.6%。城镇化作为贯穿改革开放始终最为重要的关键词之一，对经济社会发展起到举足轻重的作用。截至2018年底，城镇化率达到59.58%。新时代，城镇化发展面临着从传统城镇化到新型城镇化的转型，实现从“物”到“人”，从“传统落后农村社会”到“现代文明城市社会”，从“量化”到“同化”等方面的转变。城镇化是各种经济要素在时空上综合变化的集中体现，是农村人口不断向城市转移、城市文明不断向农村传播、城乡关系不断变迁的过程。伴随着经济社会在时间和空间两个维度上的变迁，城市和乡村的地理边界和户籍分野不断消解，城乡经济社会关系的地理空间和管理空间不断融合。当前，城乡二元结构没有得到根本性的改变，城乡经济发展仍存在显著差距，城乡要素分配不均衡，城乡居民收入差距大，城乡居民基本权益不平等问题仍较突出。城乡一体化发展是城镇化发展的根本目标之一，新型城镇化是推动城乡一体化的有效途径。

长期以来，城乡二元结构阻碍了城乡融合发展，片面追求城镇规模扩张、速度增长的发展模式导致城乡区域发展不平衡。城镇化发展推动城乡融合抑或是阻碍城乡融合，是城镇化理论问题研究以及新时期如何构建新型城乡关系的重要课题。而城镇化的高质量发展能否推动城乡经济、空间、生态、社会等方面融合发展的关键，则在于如何妥善解决传统城镇化发展过程中环境污染、要素流动、制度保障等方面的弊端，科学构建城镇化促进城乡融合发展的体制机制。

从本质上来说，城镇化的发展过程是市场化条件下农村经济向城镇流动的过程。普雷德[①]、基布尔与古多尔对经济集聚的研究发现"需求导向原理"，认为以输出型为主体的产业存在人口与就业增加以及地方政府财政收入增加等连锁效应。而区位理论强调"集聚"，即不同区位要素在空间上的聚集产生不同效应，获得不同空间发展优势，经济集聚增加了财富积累、基础设施和技术投入。由于城乡间财富积累水平和能力、基础设施、技术投入等存在差异性，要想实现城乡融合发展，需要城乡间要素具有同等的地位，生产要素集聚能够产生高效益。

在城镇化发展的第一阶段，在外部规模经济的作用下，农村的资源要素开始向城镇不断聚集，促进城镇经济发展的同时使农村经济发展受到影响。要素不断向城市聚集的同时，吸引了大批企业的进入，企业的入驻解决了就业，促进当地经济的发展，城乡间的差距拉大；当城镇化的发展处于第二阶段时，由于企业数目不断的增加，进而导致城镇空间与环境承载压力增大，城镇经济集聚效应达到饱和状态，根据边际收益递减的规律[②]，当农村的生产要素流向城市，城市的要素积累不断增加并超过某个特定值时，再次的要素流入会带来城市要

---

① 普雷德尔. 区位理论及其与一般经济学的关系［J］. 政治经济学杂志，1928：588.

② 边际收益递减规律，亦称边际产量递减规律，指短期生产过程中，在其他的条件不变的前提下，增加某种生产要素的投入，当该生产要素投入数量增加到一定的程度以后，再增加一单位的该要素所带来的效益。

素边际收益递减。同时，受到城镇空间、环境等的影响，部分企业生产的社会成本提高，形成外部不经济，进而城镇生产要素自发向农村回流，城镇企业也会选择性地迁移到生产成本较低的农村，这一过程极大地促进农村经济的发展，缩小了城乡差距，有助于城乡融合发展。

城镇化建设过程中城乡关系不断演变，国外学者关于城镇化与城乡关系的内在联系研究相对丰富，早在 1970 年就发现城乡一体化合作可以促进城市经济的发展。新古典城市化理论认为城乡二元结构是由城乡分工、专业化程度引起的交易效率的差异以及城市和农村各自所处的经济成长阶段不同形成的，城乡二元结构是城市、乡村非均衡发展的结果。马克思明确提出，“城乡对立”和“城乡融合”等概念，并指出城乡分割只有在私有制的条件下才能存在。如何打破城乡分割的壁垒，完成对城乡融合发展的初步探索？我国如何从城乡分割走向城乡融合发展？国内学者就相关问题做了大量研究，李文宇（2015）基于空间经济学的分析框架，通过理论与实证相结合的方法，分析指出市场、规模经济、生活成本、拥挤成本、市场一体化是推动城乡关系发展的五大效应因素，提出城乡关系不同阶段城镇化建设发挥着不同作用的观点。城镇化发展到一定水平，为缩小城乡收入差距、协调城乡经济关系提供必要的物质保障。佩鲁在发展增长极理论中指出城市的带动作用存在差别的地域效应，地理空间上的产业集聚不仅可以改变城市的地理环境，还可以改变城市的经济结构，促进要素集聚，但是城市化的发展没有解决城乡分割的状态，传统城镇化的盲目扩张加剧了城乡分割的问题，影响城乡关系的协调融合发展。此外，城镇化的滞后、城镇化的城乡差别效应也影响城乡结构的协调性。

当前，我国城镇化水平不断提高，传统城镇化已经不能满足社会发展的需要，新型城镇化的提出为城乡融合发展提供良好契机，转变传统城镇化发展模式，新型城镇化在强调以人为核心的基础上更加注重创新，以创新发展模式协调城乡区域间发展，推进城乡融合，让城乡发展更具有活力。因此，推进城乡深层次融合，首先要在城镇化发展达到一定阶段的前提下，通过要素集聚不断向饱和状态演进，根据边际收益递减规律，城市要素产生回流现象，促进农村经济发展，最终实现城乡双向自由流动的态势。在这一过程中，首先，人作为城乡融合发展的核心，要切实保障人的权益，实现城乡人口在空间上的自由流动，为人民提供均等化的公共服务设施、一体化的社会治理体系等，让城镇人口与农村人口实现双向流通，让城与乡只是行政上的划分，没有质的区别。其次，在城乡资源方面，实现市场要素的均衡配置，健全合理地分配机制，为城乡要素的自由流动和优化配置提供基础。农村的人力、资本、土地等要素合理地流向城市，而城市的要素则有序地流向农村，实现城乡要素的双向流动，推动城乡融合可持续发展。此外，政府决策作为城乡关系的调节机制，可打破以往政府财政支出偏向城市的现象，这些均至关重要。

党的十九大首次提到“城乡融合发展”的理念，从“城乡统筹”到“城乡融合”，安徽省尊重不同地域在生态环境、历史文化、经济发展等方面的差异性，发展独具地域特色、多元统筹的城乡环境。城乡融合发展要加快推进农业农村现代化。安徽省在大力实施乡村振兴战略的基础上，坚持农业农村优先发展，推进产业合理布局、基础设施互联互通，引导城市要素向农业农村流动，深化承包地“三权分置”和农村集体产权制度改革。全省致力于农业农村现代化建设，高度关注“三农问题”，通过把公共资源优先投向农业农村，引导政府公共资源人均投入增量向农村倾斜，实现城乡公共资源配置适度均衡和基本公共服务均等化。截至 2017 年末，安徽省现代化农业建设取得了显著的成效，粮食最高产量突破 400 亿公斤，农产品加工业产值年均增长 10.5%。

# 第八章 新型城镇化提升经济效率的对策建议

## 第一节　国家新型城镇化试点政策及成效分析

2014 年，国家发展改革委员会同有关部门将 2 个省、246 个市（镇）列为国家新型城镇化综合试点地区，积极探索与新型城镇化相关的制度改革。截至 2017 年底，第一批试点的 2 个省及 62 个市（镇）的试点任务基本完成，并取得了阶段性成果。对现阶段新型城镇化试点的政策及成果总结如下。

### （一）努力提高人口城镇化率

继续降低大城市、特大城市以及超大城市的落户门槛，努力提高人口城镇化率。为加大对人才的吸引力度，在某些城市大学生可以持毕业证、户口本、身份证先落户后就业，如 2017 年湖北省武汉市新落户的大学生数量为 2016 年的 6 倍左右。积极探索区域差异化落户，引导人口合理分布，如重庆市在新区、郊区和主城区的工作年限满 2 年、3 年、5 年即可办理落户。又如云南省曲靖市积极实行该政策，成功落户 0.5 万人。通过财政转移支付，奖励落户较多的地区，提高人口城镇化的积极性。根据地区户籍人口的变化来调节建设用地规模，提高土地利用效率。积极改善农业转移人口随迁子女教育，提高农业转移人口素质，如在福建省晋江市，随迁子女就读普通高中免费。

### （二）深化农村产权制度改革

明晰农村各类资产的权属，有利于提高农业人口积极性及资源配置效率。通过股份合作制改革等方式，对产权加以明确。通过建立统一规范的农村产权交易市场，提高对土地尤其是闲置用地的利用率。在某些地区实现跨区申请宅基地，对于集约使用宅基地及自愿放弃申请的农户予以奖励，对于超额使用部分收取有偿使用费。例如，安徽省六安市金寨县对超标准占用的宅基地按累进方式收取有偿使用费，对节约集约使用宅基地的农户给予奖励，低于宅基地面积标准（160平方米）的，每减少1平方米给予100元奖励，自愿放弃申请宅基地的，每户奖励2万元。积极探索农民合法性权益自愿有偿退出，并实行异地搬迁，使农民受益。

### （三）健全城镇化投融资机制

资本可以盘活地方经济，为地方发展带来动力。因此，在城镇化过程中，各地区要加大对资本的管制。首先，注意防范地方政府的债务风险。通过建立规范化的举债管理机制及设立风险准备金等方式，有利于防范债务风险，降低政府债务余额，保障地方财政的安全性。其次，重视地方大型国企对城镇化的推动作用，并且积极引入社会资本，为地方经济发展注入优质经营性资产。政府引导基金具有示范作用，因此通过设立城镇化政府引导基金，可以带动社会资本的运转，支持地方重大基础设施建设，减轻政府财政压力。金融产业为实体经济服务，同时实体经济的繁荣也会带动金融产业的发展。实体经济与金融产业的的联动发展有利于引导资本流入实体经济，对接中小企业和资本市场，带动地方经济发展，提高就业水平和收入水平，推进新型城镇化进程。

### （四）加强要素在城乡间流动

城市的发展需要消耗大量的资源。同时由于城市经济更为发达，更多的要素集中在城市。然而新型城镇化要求农村向城镇发展，因此要素向农村流动非常必要。首先，积极引导工商资本下乡。通过土地及住房租赁、农民入股等方式，吸纳劳动力就业，发展地方特色产业，提高闲置资源的利用率。其次，积极拓展农村融资渠道，解决农村资金不足的问题。通过办理产权抵押及小额信贷等方式，农民可以获得必要的资金进行生产经营活动。例如，福建省仙游市探索“农地＋农户＋合作社＋征信”的担保融资模式，土地承包经营权抵押贷款余额已达1.3亿元。最后，积极引入科技人才。人才是经济发展不可或缺的因素，尤其是农业科技型人才对于新型城镇化的发展更为重要。通过提高农业机械化水平，实现规模种植，发展地方特色产业，提高土地利用价值，带动农民致富。

#### （五）改革创新行政管理体制

地方行政为地方发展服务，因此新型城镇化就要求对行政管理体制进行创新。首先，推进市辖经济功能区和行政区合署办公。例如，甘肃省金昌市永昌县河西堡镇与河西堡化工循环经济产业园区实行“区政合一”。其次，为提高行政机构的资源配置效率，对机构进行精简，对职能相近的部门进行合并。通过这种方式，吉林省延边州安图县二道白河镇机构和人员数量分别减少30%、10%。为简化政府服务程序，对行政审批制度进行改革，保证“最多跑一次”。减少不必要的部门，对某些服务事项“一窗受理”，减少审批的环节和时间。浙江省宁波市、嘉兴市、义乌市全面优化政务办事流程，实现高频事项“就近能办、同城通办、异地可办”。

目前，第一批国家新型城镇化试点任务基本完成，后续将以城乡融合等制度作为探索对象。第二批和第三批试点将吸取第一批试点的经验与教训，积极推广适合于本地区的发展经验，同时根据本区域的实际积极探索发展新模式，根据发展任务清单进行全面规划，勇于走出新路子，确保任务能够超额完成。

## 第二节　安徽省与江苏省新型城镇化发展成效案例分析

### 一、安徽省新型城镇化发展政策及成效分析

中国的新型城镇化无疑是未来发展的大方向。2014年3月，《国

家新型城镇化规划（2014～2020 年）》正式发布。随着中国经济的日益发展，新型城镇化的道路越来越深入。安徽省作为中部农业大省，作为全国新型城镇化试点地区之一，是中国新型城镇化的重中之重。加快安徽省新型城镇化发展对于安徽省和国家都具有重要的作用。

安徽省针对新型城镇化出台了一系列政策。根据《安徽省人民政府深入推进新型城镇化试点省建设的实施意见》（以下简称《实施意见》），到 2020 年，安徽省户籍人口城镇化率将达到 35%，常住人口城镇化率达到 56%。首先，针对户口迁移方面，《实施意见》提出要通过精简手续的方式为户口迁移带来便利。新型城镇化以人的城镇化为核心，因此提高人口城镇化率不仅有利于新型城镇化目标的实现，同时也可形成试点经验，作为其他地区的借鉴对象。其次，提高中心城市吸纳人口的能力。要努力将合肥打造成长三角世界级城市群副中心和“一带一路”节点城市，到 2020 年，合肥城区常住人口规模将达到 500 万人，并且成为长江经济带具有较强影响力的区域性特大城市。积极推动芜湖市和马鞍山市同城化，提高人口吸纳能力，力争将其打造成为Ⅰ型大城市。大力培育区域性中心城市，推动资源型城市的转型发展，促进资源开发与城市发展良性互动，将具备条件的阜阳、蚌埠、淮南、淮北市，以及基本具备条件的六安、安庆、滁州、宿州、亳州市打造成为Ⅱ型大城市。另外，安徽省还将培育出一大批新兴中小城镇。安徽省选择一批建制镇作为试点，旨在提高其人口集聚能力，努力培育人口在 10 万以上的特大镇，并选择 80 个左右具有较强发展潜力的小城镇作为重点扶持对象，最终建成一批凸显美好生活、具有安徽风韵的生态宜居小镇。2020 年，基本完成城市老旧燃气管道、供水管网及雨污分流改造，生活污水集中处理率超过 95%，生活垃圾基本实现无害化处理。

为了进一步推进新型城镇化进程，安徽省政府又于 2017 年制定了《安徽省新型城镇化发展规划（2016～2025 年）》，对安徽省“十二五”时期城镇化建设中出现的问题进行总结，对取得的成果加以肯定，并对未来新型城镇化的发展提出了一系列新要求。从总体来看，仍将以人的城镇化为核心，更加注重质量，加强主体功能区规划，坚持体制机制改革，以城市群发展为主体，优化城镇空间布局，提高城镇的吸纳能力和承载能力，实现可持续发展，并努力提高人口素质，走具有安徽省特色的新型城镇化发展道路。到2020年，户籍人口城镇化率达到35%，常住人口城镇化率达到56%。到2025年，户籍人口城镇化率将达到45%，常住人口城镇化率达到62%。

具体来看，第一，要推进农村转移人口的市民化。首先，为方便符合条件的人口落户城镇，合肥市城区积极放宽落户条件，全面解除其他城镇的落户限制。其次，增强落户能力及保障，主要增强对教育、医疗卫生、社会保障、住房保障、职业培训等方面的扶持力度。最后，要健全农村土地“三权分置”制度，完善农村转移人口社会参与制度，对农村转移人口的成本进行合理分配。

第二，优化城镇的布局。以合肥都市圈、皖北城市群、皖江城市带、淮蚌合芜宣发展带作为大格局，努力建设大中小城镇协调发展的体系，推进合肥、芜湖、安庆、黄山、阜阳、蚌埠六大区域中心城市发展，支持其他地级城市及县级市、县城加快发展，并打造一批特色小城镇。加强安徽省与其他省区市的交流合作，与上海市、江苏省、浙江省共建长三角城市群，与周边城市群加强合作，实现跨省跨区域协调发展。通过建立便捷的交通网，实现省内城市与周边大城市的互联互通。

第三，努力提高城镇的支撑能力。努力改善就业环境，增强就业吸纳能力，完善城市功能布局，增强信息服务、现代商贸、高端商务等功能，促进区域协调发展。提高城镇公共服务水平，增强安全保障能力，优化城镇基础设施建设水平。

第四，加大新型城镇化建设投入。要在宜居的基础上实现空间集约高效，建设高标准紧凑城市。以绿色发展为导向，建设绿色建筑，保护生态系统，提倡节能环保，养成绿色生活方式。努力打造智慧城市，利用“互联网+”对传统行业进行优化。保护具有悠久历史及文化底蕴的古建筑、古城镇，塑造城镇独特文化，形成高品质人文城镇。

第五，促进城乡一体化发展，构建城乡一体化制度，提升城乡建设水平，塑造美丽乡村新风貌，建设具有特色的美丽乡村。完善新型城镇化发展制度主要包括健全人口管理制度，创新规划编制和管理机制，推进土地市场化配置改革，构建多元可持续的城镇化投融资机制，以及创新城镇管理体制和模式。要加强组织协调，统筹兼顾，分类试点，加强统计与检测水平，保障该规划的顺利实施。

## 二、江苏省新型城镇化试点经验与启示

江苏省地处东部沿海，经济繁荣，教育发达，人均 GDP、地区发展民生指数以及综合竞争力等都处于全国领先位置。凭借这些优势，江苏省成为中国综合发展水平最高的省份之一。安徽省与江苏省地理位置临近，但是经济实力仍有一定差距。江苏省新型城镇化的经验对安徽省经济社会发展有重要的借鉴意义。

### （一）江苏省新型城镇化试点政策

根据江苏省人民政府出台的《江苏省新型城镇化与城乡发展一体化规划（2014～2020年）》的指示，到2020年，江苏省常住人口城镇化率将达到72%，新型城镇化和城乡一体化水平显著提高。具体政策梳理如下。

1. 加强人的城镇化建设。

人的城镇化是江苏省新型城镇化的核心内容。（1）降低落户门槛。目前江苏省13个设区市均已出台相关改革意见，相比于国家政策，其户口迁移条件更为宽松，设区市范围内实现户口通迁，为农业转移人口落户创造条件。江苏省全面放开对技术工人、高校毕业生等

人群的落户限制，同时降低其他人口的落户门槛。目前，南京和苏州两市均采用“准入＋积分”的落户政策，其余各市逐步放宽准入制。(2) 加强居住证管理，提高居住证的含金量。根据该政策，目前江苏省累积制发居住证数量超过 2600 万，实现流动人口居住证制度全覆盖。居住证在省内“一证通用”，持有人依法享有卫生保健、子女入学等 20 多项公共服务。(3) 公平对待农村转移人口。江苏省出台“十三五”时期公共资源配置新标准，将就业稳定、参加当地社会保障，且居住达到一定年限的“新市民”纳入住房保障范围。

2. 加强投融资管理，促进渠道多元化。

江苏省出台一系列具有支持性的财政政策，对农业转移人口市民化进行奖励，按照常住人口进行基本公共卫生服务转移支付的分配，根据实有学籍数进行教育转移支付的分配。数据表明，2017 年江苏省财政下达的相关奖励资金达 14.12 亿元。

3. 加强土地制度改革。

江苏省全面实现承包土地确权登记颁证，并在全国范围内率先实现所有设区市建立确权信息应用平台，各设区市实现互联互通，整体进度在全国名列前茅。全省 62 个县（市、区）建立流转交易市场，支持农村土地经营权有序流转，效果显著。明确并缩小土地征收范围，采取先补偿安置、后征收报批的方案，实现补偿安置标准的动态调整，通过培训就业、农房入股分红等途径让农民共享改革红利。制定全省增减挂钩节余指标流转使用管理办法，实现省重点帮扶县（区）、国家扶贫改革试验区、扶贫开发重点片区节余指标在省域内流转使用，对省内精准扶贫、精准脱贫、资源互补发挥了积极作用。根据国家相关改革经验，宿迁市实现城乡建设用地增减挂钩节余指标在全省范围内流转使用，累计转让面积超过 7000 亩，成交额达 47.79 亿元。

4. 创新行政管理，培育特色城镇。

江苏省积极推进太仓、如皋、阜宁国家深化县城基础设施投融资体制改革试点，开展新沂、海安全国中小城市综合改革，全面推进溧水白马、张家港乐余、吴江震泽、泰兴黄桥、如皋白蒲5个全国建制镇的示范试点工作，重点探索中小城市综合改革道路，激发城镇发展动力，目标是建成“发展实力强、创新创业广、生态环境美、依法治理好、体制机制优”的现代新型小城市。深化经济发达镇行政管理制度改革，将苏州市吴江区盛泽镇将原镇属的30多个行政、事业机构整合为“三办八局”，机构总数缩减为不到原来的1/3。江阴市徐霞客镇将多个专业窗口进行整合，并启用网上办事大厅和APP移动政务终端，最终形成“便民服务一窗口、综合执法一队伍、管理服务一中心、镇村治理一张网”的基层行政管理新范式。昆山市张浦镇整合为“一办六局一中心”，大大提高了审批服务效率。针对江阴市，江苏省政府最大限度地赋予其与设区市同等的经济社会和行政管理权限，赋予镇、街道部分县级经济社会管理权限，实现市县同权。大数据中心、市行政审批局、城市综合管理局正式运作，全面启用综合管理服务指挥中心、政务服务中心和综合执法局“三大平台”，综合执法、政务服务、便民服务、社会救助“四位一体”的县域治理新体系初步形成。为进行“多规合一”试点，江苏省围绕“三区三线”划定、规划功能定位重构、项目审批流程再造、组织沟通衔接、系统平台搭建等，探索形成了淮安市“五个一”、镇江句容市“六个一”、南京溧水区“一蓝图、一平台、三变革”等各具特色的“多规合一”试点改革新思路、新模式。

同时，为加强生态环境保护，江苏省健全完善省有关环境保护的财政制度，保证生态红线区域占国土面积不低于20%，所有的市、县（市、区）编制完成当地红线规划，出台管控办法和补偿政策。将污染物排放总量与财政政策挂钩对水环境实现双向补偿。规定资源有偿使用，实现资源交易市场化。将生态文明建设纳入考核范围，加强领导干部的责任心。

5. 加强城乡融合发展。

江苏省促进城乡在规划布局、产业发展生态保护等方面相互融合、共同发展。鼓励创业，实施全民创业工程；力求教育公平，积极推进义务教育学校标准化，在全国率先实现所有学段教育经费保障机制和生均财政拨款标准全覆盖，义务教育阶段学生学费、课本费和作业本费全面免除，中等职业学校实行全体学生免学费政策，高中阶段残疾学生实行免费教育。健全城乡社会保障体系和城乡医疗服务体系，免费向全体居民提供 12 类 45 项基本公共卫生服务。健全城乡社会养老体系，保障老年人居家安全。对农村“五保”供养服务机构进行全面升级改造。重点加强产权制度，完善要素市场化配置，建立健全城乡融合发展的政策制度，清除要素流向农村的种种障碍，鼓励公共资源向农村流动，是城乡要素的配置比例逐步合理化，公共卫生服务均等化、基础设施联通化，减小居民收入差距，实现产业发展融合。

### （二）江苏省新型城镇化成果案例

江苏省作为首批国家新型城镇化综合试点省份之一，对新型城镇化道路努力探索，已取得了一定的成果。这些成果将对其他试点地区有很强的借鉴作用。对部分地区新型城镇化成果案例进行重点剖析如下。

1. 南京市户籍“准入 + 积分”制。

为降低落户门槛，增强对人才的吸纳能力，促进社会公平公正，南京市创新性地提出“准入 + 积分”制度。根据规定，不符合直接申请户口迁入条件的外地人，积满 100 分可申请排队入户。该政策打破了原先户籍准入制度的门槛，有助于优化人才落户条件，吸引高科技专业人才，为南京市人力资源积累提供保障。同时，有助于农民工就业稳定、居住稳定，加强社会公平。该政策同样适用于本人的配偶及子女。对于部分特殊人群，如国家“千人计划”专家、取得全日制普通高等院校研究生学历的毕业生在本市就业或者创业的、被江苏省聘为大学生村官并在本市工作等人才，可直接申请落户。通过优厚的落户条件，南京市未来将有更加广阔的发展前景。

2. 宿迁市城乡建设用地增减挂钩。

土地资源优化配置是新型城镇化的重要环节之一。宿迁市根据本市实际，结合国家政策，重点进行城乡用地改革，稳步推进增减挂钩试点、大力开展土地综合整治、建立城乡统一要素市场，切实维护农民利益，并取得显著成效。截至 2018 年 1 月，宿迁市作为土地增减挂钩节余指标可在省域内转让使用试点单位以来，先后转让增减挂钩节余指标 8400 亩，成交总额近 58 亿元。通过开展土地增减挂钩试点，优化了土地利用结构，提高了土地产出效益，带动了精准扶贫，为新型城镇化、工业化提供了土地资源支撑。

3. 张家港乐余镇建设新型小城市。

乐余镇位于江苏省张家港市东北部，江苏省重点中心镇之一。工业发达，品牌鲜明，文娱兼容。为推进新型城镇化建设，建成“发展实力强、创新创业广、生态环境美、依法治理好、体制机制优”的现代新型小城市，在保护老城区的同时，积极投入交通、生态农业、民间文化等建设，建设现代化居住小区，切实改善生活环境，提高新型城镇化水平。乐余镇工业发达，形成了以汽车和汽配、机械、化工、冶金、纺织等五大行业为主的工业经济体系，并构筑了以机电工业集中区、东沙化工集中区、乐余工业集中区为核心的投资平台。然而乐余镇并不止步于工业发展，同时发展现代农业，以人为本进行现代化建设，这对于其他地区的新型城镇化建设有很强的借鉴作用。

4. 昆山市张浦镇“一办六局一中心”。

行政管理模式创新也是新型城镇化建设不可或缺的部分，政府办事效率的改善会有效提升居民满意度。昆山张浦镇作为全国 25 个经济发达镇行政管理体制改革的试点，积极探索创新，对镇属 34 个行政机构和事业单位进行整合，并成立了“一办六局一中心”。其中，综合执法局和便民服务中心是政务前台，直接面对居民、企业及其他社会组织，负责对外服务；其他六个职能部门是张浦镇政府的政务后台，履行政令传递、监督问责、政策支持、业务指导等职能，前台服务群众，后台服务前台，形成了高效透明、责权清晰，决策权、执行权、监督权相分离的行政格局，阳光政务在两个前台更是得到了具体体现。通过这种模式创新，张浦镇审批服务效率提升了63%。

5. 淮安市“多规合一”。

多规合一，旨在改变同一区域多条规划衔接缺乏的现状，以实现优化空间布局、有效配置土地资源、提高政府空间管控水平和治理能力的目标。淮安市是苏北重要城市，地理位置优越。为促进新型城镇化，响应“多规合一”政策，淮安市提出“五个一”，通过该政策，规划部门、环保部门、国土部门等多部门同时对项目进行审批，大大提高办事效率。各部门信息共享，互相协调，提升了办事准确率。

## 第三节　新型城镇化推动经济效率提升的对策建议

### （一）打破地区间“行政壁垒”，释放城镇化发展带来的空间溢出效应

行政边界的存在，阻碍了地区间社会、经济、文化交流，一方面导致不同区域消费行为（包括消费欲望、消费能力、消费偏好）的差异，并成为市场分割产生的原动力；另一方面，“无形壁垒”阻碍了地区间溢出效应的发挥，增加地区间交易费用的同时也增加了溢出机会成本。正如陆铭等（2009）的研究所揭示的，为了在短期内实现本地区经济增长，超过95%的省份更加偏好于实施市场分割策略。在中国，市场分割往往成为地方政府实现短期政治绩效的必要手段。

地区之间必须打破行政区划边界对经济社会发展的隐形阻碍作用，才能更好地释放城镇化的正外部性。可供选择的措施包括：中部地区目前处于基础设施建设的加速发展期，通过交通基础设施建设、新农村建设、扩大内需等良机，消除地区间行政壁垒限制，政府间加强沟通与协作机制建设，打破要素市场、产品市场分割，降低地区间要素转移成本及产品交易费用。

新型城镇化发展要以行政推动为主向市场驱动为主、政府管理为辅的方式转变。市场要发挥资源配置的决定性作用，必须打破行政壁垒，实现要素自由流动，提升要素配置效率。行政壁垒是各地方政府以行政区划为“依据”和“准则”，为实现区域内利益最大化，对市场活动进行不合理干预。这在不同程度上抬高了区域间流通成本和交易费用，降低了经济活力，抑制了经济空间溢出效应的发挥。地区间缺乏联动协同发展的观念和具体举措，导致了各地产业趋同、发展潜力不足、恶性竞争等现象突出。行政壁垒是传统计划经济模式的产物，而政绩考核和晋升机制则在一定程度上加剧了地方政府在现行体制下追求短期目标、粗暴干预市场、粗放发展的“理性选择”。当前，顺应经济发展的客观要求，以经济区划弥补和弱化行政区划，用市场资源配置的“无形之手”和政府管理和服务的“有形之手”共同作用，打破行政垄断和地方保护，促进要素的自由流动，才能更好地实现市场对资源配置的决定性作用。

因此，释放城镇化对经济发展的空间溢出效应必须打破地区间“行政壁垒”。

### （二）以推进城镇化建设为抓手，推动经济社会结构转型发展

中国正处于经济社会转型发展的关键时期，当前，中国进入只有加快经济发展方式转变才能实现经济可持续发展的关键时期，城镇化被认为是我国结构转型发展的突破口，增强经济社会平衡性、协调性和可持续性的着力点，推动民生改善和社会公正的重要载体。区别于

传统城镇化政府主导的被动发展模式，以人为核心的城镇化道路是有序实现农业转移人口市民化和积极推动产业结构升级，以创新驱动发展为源动力的主动城镇化发展模式。正如李克强总理在推进城镇化建设试点工作座谈会上强调，城镇化关系到现代化全局，是中国最大的结构调整问题。新常态下，城镇化是中国经济转型发展的强大引擎。发挥好城镇化主动调整结构的功能从短期看有利于拉动当期需求，从长期看有助于改善中国经济发展基础，推动中国经济结构和城乡区域结构优化。当前，积极探索户籍制度、土地制度、收入分配制度改革，完善金融市场体系，有序推动农民工市民化进程，妥善解决留守儿童问题，加大公共服务设施建设，提高金融市场融资效率以满足城镇化发展多样化需求，是破除传统城镇化发展弊端，走城镇化发展道路，发挥城镇化经济社会结构调整功能的当务之急。

### （三）在我国处于城镇化转型发展的关键时期，由“要素驱动”“投资驱动”转向“创新驱动”是经济社会转型发展的战略选择

城镇化过程中生产要素在空间上的集聚有利于集聚地的自主创新，并在知识外部性的作用下向周边地区扩散，带来正的技术外溢和扩散效应。伴随着城镇化进程的加速，地区的科教文卫、基础设施等综合经济水平不断提高，而这些因素一方面会提升区域自身的创新能力；另一方面，也会提高其接受其他区域创新技术的能力。发达国家发展经验和现有研究文献均表明，城镇化是推动一国或地区经济增长的重要驱动力（Henderson，2000；王小鲁，2002；路永忠等，2005），创新有助于地区产业结构升级、推动区域经济增长方式转变（魏后凯，2011），提高地区的全要素生产率。根据白俊红等（2016）的研究，周边地区创新驱动对地区间经济收敛具有明显的促进作用。

过去的40多年，我国快速的城镇化发展得益于廉价的劳动力和土地要素的贡献，这种过度依赖廉价要素驱动的城镇化发展模式已经难以为继。城镇化的创新效应有利于加快城市产业结构升级，通过融

合高新技术，合理利用土地、人力等生产要素，改变过去依靠大规模投资拉动经济增长的模式。根据周慧（2016）的研究，创新与城镇化的融合发展是创新驱动经济社会转型发展的重要手段，各省区市在制定创新发展战略时，要把科技创新融入城镇化发展中，不仅要考虑到与地区城镇化发展相协调，还需要破除行政和市场分割壁垒，积极促进地区之间经济活动的交流与合作，为创新要素的自由流动及交流共享创造良好的市场环境和政策条件。实现技术创新与城镇化建设的深入融合，有利于突破中国城镇化道路所面临的“瓶颈”，实现城镇化的战略转型以及经济增长质量的提高。创新不但是经济增长的持续动力，也能提高人们的生活质量，努力构建创新与城镇化发展的深度融合，是新时期创新驱动经济社会转型发展的重要课题。

### （四）加大基础设施投资，促进要素流动及人口迁移

一方面，加快内部交通网络建设，尤其是公路交通密度，扩大区域物流规模，促进区域内生产要素流动；另一方面，加大力度构建中部与东西部地区交通链接，为更好地发挥中部地区承东启西、贯南连北的区位优势，承接东部地区产业转移，培育区域经济增长极，加快产业的空间集聚，提供便捷高效的交通网络支撑。长期以来，中部地区人口总体呈现出向东部沿海地区流出的格局，大规模的人口迁移推动了东部地区经济增长，在一定程度上促进了东部地区城镇化水平的提高。然而，中部地区自身的城镇化发展长期滞后于全国平均水平，未来我国农村剩余劳动力将由“无限供给”转向“有限剩余”，农村进城务工人员近域流动态势增强，人口红利地区逐步由东部沿海转向内陆，内陆地区城镇化进入加速发展期。交通基础设施的发展有利于要素流动以及人口迁移，地方政府在努力提高基础设施建设的同时，应当努力推动产业结构和投资环境的优化以及土地的集约利用，以期更好地发挥交通基础设施的空间溢出效应，实现人口的本地城镇化，促进中部地区城镇化发展。

交通是城市形成和发展的关键因素，对城市扩张起到积极作用（Ratzel，1939；Timofeev，2009），交通基础设施有利于城市集聚效应和规模效应的发挥以及城市经济功能的完善。交通距离对经济活动的空间集聚产生了重要影响（Weber，1929；Christaller，1933；Losch，1954），可以降低运输成本，促进要素流动，加强人才、信息交流，从而缩短了地区间的空间距离。Rudel 和 Richards（1990）研究表明，地区交通的发达程度与城镇化速度具有正向关联关系。伴随着区域市场化程度的不断提高，区域之间经济活动的联系日益密切，作为各种经济要素流通载体的交通基础设施，有助于改善地区之间的通达程度，对经济发展的推动作用从理论上看是明显的。交通基础设施具有较强的空间外部性，对其他地区会产生空间溢出效应。交通基础设施自身具有的网络属性，使区域之间的通达性增强。一方面，降低了地区之间的运输成本，有利于地区之间经济要素扩散，产生正向溢出；另一方面，加强了地区的区位优势，进而有助于要素的集聚，对其他地区经济产生负向溢出。交通基础设施的空间外部性特征，使其与各种要素在空间上的集聚和扩散紧密相连。

### （五）不断完善地区间联动协作、利益协调、监督考核机制

城镇化以空间综合变化为基本特征，是各种要素在空间体系下重新配置的过程。资源在向城市集聚的过程中，一方面促进了本地区经济发展；另一方面，通过扩散效应带动周边地区发展，换言之，随着区域开放程度的不断提高，要素流动不断加强，区域之间经济联系日益密切。城镇化是制度创新的城镇化，如何通过制度创新，为地区之间联动和聚合发展创新制度载体和政策法规保障，完善地区间联动协作、利益协调、监督考核机制，使之更加有利于城镇化空间溢出效应的发挥，使城镇化实现发展成果的公平分享，使农村居民在农业现代化过程中过上幸福生活，使城市居民在经济高速发展的同时享受到城市生态文明，使转移到城市的新市民分享到城市的现代文明，充分释

放城镇化的正外部性，带动整个区域内经济社会的联动发展。对不同区域之间应实行差别化战略，各城市要充分利用自身优势并加强与周边城市的联系，实现区域联动发展。在城市间形成合理的产业分工和合作，以推进区域经济一体化发展。

### （六）加大对外开放力度，挖掘经济增长潜力

安徽省整体上对外开放程度不高，所以应在扩大外贸方面进行改善。发挥政府的主导作用，适当拓宽外资领域，优化外资结构向高新技术产业发展。通过政策制定，为外商直接投资创造条件。同时，应重视进出口结构的优化，对污染大、附加值低的产业进行限制。鼓励企业积极参与到国际市场竞争中，提升对外开放水平。同时，促进产城融合。结合皖江城市带承接产业转移示范区、合芜蚌自主创新综合配套改革试验区和国家技术创新工程试点省建设，实现城镇化与工业化有机发展，实现城市布局和产业布局相融合。

### （七）发挥核心城市溢出效应，促进城镇体系合理化发展

安徽省的城镇化呈现中心城市带动不足，城市群辐射能力不均，省域各中心城市尚未形成合理的分工、紧密关联的网络化体系，都市圈、城市圈、城市组群协同性发展能力较弱，中心城市的综合竞争力有待提高。增强中心城市辐射带动力，促进人口、资源与环境的空间均衡，助推传统产业的转型升级，培育高新技术产业与新兴战略性产业，缩短区域差距，实现区域均衡的可持续发展。合肥作为安徽省的省会中心城市，应加快合肥现代化城市的建设，增强合肥的辐射带动力，形成“创新—引领—示范—辐射—带动—协调”的高质量发展新格局，为周边欠发达的地区提供资源要素，承接和发展具有比较有优势的产业，带动周边地区发展，协调区域间均衡发展。

### （八）搭建合作平台，完善合作机制

机制创新是推动安徽省三大城市群以及安徽—长江经济带经济发

展的关键，要实现经济持续高质量发展，安徽省要加强城市间的分工合作，充分发挥市场在资源配置中处于决定性作用，充分实现要素资源的高效自由流动。要建立完善的合作机制，推动政策改革，将单方面倾向性政策转变为整体均衡联动性政策，积极开展制度创新，对区域格局进行动态优化调整，推进开放发展水平，优化开放经济环境和制度环境。有利的开放环境能够在一定程度上提高实际利用外资规模，联动合作方面可以参照上海的自贸区发展模式，实现城市之间的联动发展，着力构建有效的对外开放新格局。产业园区之间也可以构建合作机制，将地理位置相近、产业互补的产业园区进行融合，或探索共同管理的合作模式，提高产业创新水平与发展效率，产业园区之间建立互利共赢的利益分享机制。跨省之间的合作发展，要建立跨省发展的实验区，努力促进交通基础一体化、产业衔接一体化建设，与发达城市沟通合作，积极融入，积累经验，动态优化，进而形成具有区域特色的联动合作机制，提高产业的创新水平，实现产业的转型对接。

### （九）完善城市基础设施和公共服务体系，提高城市承载力

城市代表了先进生产力和高质量生活，人口由乡村向城市转移的过程，就是市场配置资源下城市在就业和收入方面规模效应的体现，也是人们追求美好生活的客观要求。城市承载力是城市利用自身资源、智力、技术等条件，在保证符合其社会文化准则的物质生活水平条件下该国家或地区能持续供养的人口、要素、环境等数量。它与城市的资源禀赋、经济与技术水平、社会选择和价值观念等内容具有密切关系。城市承载力是基于可持续发展哲学观，在人口、资源与环境矛盾突出的情况下，提升城市系统对经济发展、居民美好生活、资源环境保护等综合支撑要求，既体现了物质层面的自然环境资源承载力，如水土资源、环境容量、地质构造等，也包括非物质层面的城市功能承载力，如城市吸纳力、包容力、影响力、辐射力和带动力等。

从微观角度看，它是指城市的资源禀赋、生态环境、基础设施和公共服务对城市人口及经济社会活动的承载能力。

完善的基础设施和公共服务体系符合人的城镇化发展的客观要求，也是吸引人才、创新驱动发展的重要条件。高质量的新型城镇化尤其体现在实现更高质量的以人为核心上。当前，我国基础设施及公共服务水平相对较低，与城镇化发展的速度以及经济高质量发展的要求不匹配。公共服务配置仍以传统的千人指标为基准，忽视了公共服务体系数量、质量与人口数量、分布、结构的耦合关系与配置效果，推进公共服务体系配置模式创新，提升城市承载力水平。

### （十）推动“信息化”“工业化”“城镇化”良性协调发展

党的十八大指出，坚持走中国特色新型工业化、信息化、城镇化、农业现代化道路，推动工业化与城镇化良性互动、城镇化与农业现代化相互协调，促进工业化、信息化、城镇化、农业现代化同步发展。工业化和城镇化良性互动，是现代经济社会发展的显著特征，是城市可持续发展的重要途径。从经济发展史的内在逻辑看，城镇化和工业化是相伴而生的。工业化是城镇化的经济支撑，是城镇化的发动机，没有工业化就没有城镇化。城镇化是工业化的空间依托，是工业化的加速器。

促进工业化和城镇化的良性互动。一是通过工业化推动城镇化，走新型工业化道路，创造更多的就业岗位，转移更多的农村劳动力。要对工业进行合理布局，实现工业企业的相对集中，推进工业项目进园区，让更多劳动力在一个地区进行聚集。二是通过城镇化带动工业化，打造良好的投资环境和人居环境，工业化过程是一个资本等生产要素集聚的过程，既需要提供配套齐全的基础设施，打造良好的投资硬环境，也需要打造诚实守信、投资者利益得到切实保护的良好人文政策环境，打造包括方便快捷的交通服务、均衡优质的教育文化资源、适宜人居的自然环境等，此外，还需要注重高素质人才队伍建设。

### （十一）促进城乡融合，缩小城乡发展差距

习近平总书记指出："如何处理好工农关系、城乡关系，在一定程度上决定着现代化的成败"。党的十九大指出，我国主要矛盾已经转变为"人民日益增长的美好生活的需要和不平衡不充分发展之间的矛盾"。城乡融合是全面建成小康社会和实现现代化目标的应有之义，但城乡发展失衡是当前我国经济社会面临的最为突出的结构性难题之一。党的十六大，国家作出统筹城乡发展的战略调整，此后，基于城乡发展的不同现实作出相应战略部署。2017 年，党的十九大提出要建立健全城乡融合发展体制机制的战略决定，这意味着新时期我国城乡关系面临新的任务和新的目标。从发达国家经验看，城乡二元化是城镇化发展的必经阶段，高质量的城镇化意味着要建立健全城乡要素的双向流动机制。一方面，在规模经济和集聚经济的作用下城市得到发展；另一方面，城市不能仅仅成为一个巨大的要素"黑洞"，否则农村会因要素流出、资源短缺无法持续发展，拓宽城市资源流向农村的通道，让资金、技术、人才等要素再汇聚到农村，才能推动城乡融合发展。

城乡融合发展重点在农村，解决"三农"问题是缩小城乡差距的根本所在。新中国成立 70 年，农村地区经济社会发展取得了巨大成就，但问题依然突出。一方面，农村的基础设施和公共服务水平存量低，增速相对有限，教育、医疗等公共资源的城乡配置差距较大，农村环境治理差，生活垃圾处理能力亟待提高；另一方面，农业生产率低，农产品附加值低，农业产业链短，产品竞争力较弱，农民增收的长效机制有待完善。

### （十二）加强制度创新，激发经济活力

新型城镇化不是简单的农民到市民身份的转变，更重要的是产业结构、就业方式、人居环境和社会保障等内容由"乡"到"城"的

转变，其中，制度创新是新型城镇化得以实现的重要保障。如何通过制度创新，让农业转移人口公平地享受城市发展的成果，通过制度设计让农村居民在城镇化和农业现代化过程中过上幸福生活，让城市居民在经济高速发展的同时，享受城市生态文明，始终是城镇化发展的根本任务所在。当前，城镇化发展的制度保障仍需加强，要进一步深化改革，创新体制机制，充分发挥市场作用，统筹推进城镇化在人口管理、土地管理、财税金融、住房保障、行政服务、生态环境等领域的体制机制改革，才能破解城镇化发展的制约约束。建立完善的合作机制，推动政策改革，将单方面倾向性政策转变为整体均衡联动性政策，并根据实际情况进行动态优化调整。优化开放经济环境和制度环境，着力构建有效的对外开放新格局，地区之间、企业之间、产业园区之间都可以构建合作机制，将地理位置相近、产业和资源禀赋互补的地区或产业园区进行融合发展，探索共同管理的合作模式，提高创新水平与发展效率，建立互利共赢的利益分享和成本分担机制。

## 第四节　未来研究展望

本书在深刻阐释新型城镇化的战略地位和战略意义的基础上，首先，提出“新型城镇化有助于提升经济效率”这一命题，揭示了新型城镇化提升经济效率的现实逻辑，通过对现有文献的全面梳理，构建新型城镇化提升经济效率的数理模型，从而揭示新型城镇化促进经济效率提升的理论逻辑。其次，全面回顾新中国成立 70 年我国新型城镇化和经济发展的情况，对出现的问题进行反思，对城镇化未来发展趋势进行理性分析。再次，对我国 274 个地级城市的新型城镇化水平和全要素生产率进行测度，从而发现两者演进的规律和特征，并通过构建空间计量模型，对新型城镇化对经济效率的空间溢出效应进行动态检验。最后，提出新型城镇化提升经济效率的实践路径和对策建议。但受本人研究水平及相关数据资料难以获得所限，本书仍存在着诸多不足和缺陷需要在日后的工作和学习中继续深入研究。

（1）城镇化与经济高质量发展之间的微观机制研究。

纵观经济学科的各个分支，学者们越来越重视宏观理论及现实问题的微观基础。随着现实经济社会问题日趋复杂、理论提升的呼声不断高涨，如行为经济学和博弈实验等前沿理论方法迅速兴起与蓬勃发展，开启了当代经济学进程中深入探讨行为属性、揭示内在复杂机理的一个新阶段，开辟从微观行为视角探索复杂宏观经济问题的新途径。演化经济理论主张微观基础解释社会变迁。当前，城镇化问题研究绝大部分采用宏观分析视角和手段，这无益于研究经济社会具体现象及复杂逻辑。未来，采用问卷调查的方法，进行微观计量分析，深入研究农业转移人口转移意愿、幸福感指数、转移决策的影响因素，以及年龄性别、教育水平、收入水平与转移城市的城市规模、产业结构、对外开放程度、文化包容等内容的内在联系，是十分必要的，进而为城镇化和经济高质量发展提供微观经验证据，因此，影响人口转移、要素流动的城镇化决策特征等微观机制将是未来研究的重要内容。

（2）新型城镇化与长效脱贫问题研究。

2020 年是全面脱贫的决胜之年，但长效脱贫任务仍较为艰巨。如何通过新型城镇化战略把提高农村人力资本与产业扶贫相结合，改善城乡居民生活水平，为农业转移人口创造更多就业岗位。从制度建设入手，把医疗扶贫和教育扶贫纳入新型城镇化战略之中，做好顶层设计，实现长效脱贫和乡村振兴发展，这些问题都需要认真的思考和研究。

（3）深入探索新的国内外经济环境不确定的情况下，新型城镇化助推以国内大循环为主体、国内国际相互促进的动力机制。

当前，外部经济政治环境存在较大不确定性，中国经济面临的外部形势日益复杂，国际环境和挑战的压力将长期存在，我们需要长期调整中国经济结构，扩大内需，加快形成以国内大循环为主体、国内国际双循环相互促进的新发展格局，从以原来的出口导向为主的经济战略，转向扩大内需的经济战略。14 亿人口的超大市场规模、齐全的产业门类，是强化国内大循环的坚实基础。新型城镇化发展涉及人口、产业、基础设施、公共服务、制度供给等多方面内容，为打通国内生产、分配、流通、消费各个环节，实现消费升级需求，为中国经济提供强劲可持续的发展动力提供了重要抓手。新型城镇化对扩大内需以及经济增长的拉动作用已经被改革开放以来的发展实践所证实，然而，当前如何深化新型城镇化发展，助推经济高质量，加快国内经济大循环？这一课题需要我们继续开展深入的实践和研究。

# 参考文献

[1] 安虎森，吴浩波．我国城乡结构调整和城镇化关系研究——一种新经济地理学的视角［J］．中国地质大学学报（社会科学版），2013.

[2] 包彦明，马艺晏，王红，等．大型航天企业全要素生产率测算研究［J］．科学技术创新，2019（29）.

[3] 才国伟，杨豪．外商直接投资能否改善中国要素市场扭曲［J］．中国工业经济，2019（10）.

[4] 陈丹，张越．乡村振兴战略下城乡融合的逻辑、关键与路径［J］．宏观经济管理，2019（1）.

[5] 陈锋．改革开放三十年我国城镇化进程和城市发展的历史回顾和展望［J］．规划师，2009（1）.

[6] 陈彦光．城市化与经济发展水平关系的三种模型及其动力学分析［J］．地理科学，2011（1）.

[7] 仇保兴．新型城镇化：从概念到行动［J］．行政管理改革，2012（11）.

[8] 崔宇明，代斌，王萍萍．城镇化、产业集聚与全要素生产率增长研究［J］．中国人口科学，2013（4）.

[9] 邓灿辉，马巧云，魏莉丽．基于碳排放的河南省粮食绿色全要素生产率分析及对策建议［J］．中国农业资源与区划，2019（2）.

[10] 范瑞滨．中国新型城镇化之路怎么走［J］．人民论坛，

2017 (16).

[11] 方创琳，刘晓丽，蔺雪芹．中国城市化发展阶段的修正及规律性分析［J］．干旱区地理，2008 (4).

[12] 弗朗索瓦佩鲁．新发展观［M］．北京：华夏出版社，1987：132.

[13] 辜胜阻，李华，易善策．城镇化是扩大内需实现经济可持续发展的引擎［J］．中国人口科学，2010 (3).

[14] 辜胜阻，刘江日．城镇化要从“要素驱动”走向“创新驱动”［J］．人口研究，2012 (6).

[15] 何志扬，刘昌南，任远．新世纪以来中国城镇化的阶段转变及政策启示［J］．天津大学学报（社会科学版），2017 (2).

[16] 胡艺，张晓卫，李静．出口贸易、地理特征与空气污染［J］．中国工业经济，2019 (9).

[17] 蒋晓岚，程必定．我国新型城镇化发展阶段性特征与发展趋势研究［J］．区域经济评论，2013 (2).

[18] 金荣学，解洪涛．中国城市化水平对省际经济增长差异的实证分析［J］．管理世界，2010 (2).

[19] 李彩红．产业集聚与全要素生产率关系的实证研究——基于中国经验数据［J］．商业经济研究，2019 (17).

[20] 李健，卫平．民间金融和全要素生产率增长［J］．南开经济研究，2015 (5).

[21] 李娟，王琴梅．丝绸之路经济带核心区物流业全要素生产率及其区域差异［J］．统计与决策，2019 (20).

[22] 李通屏．中国城镇化四十年：关键事实与未来选择［J］．人口研究，2018 (6).

[23] 廖祖君，王理，杨伟．经济集聚与区域城乡融合发展——基于空间计量模型的实证分析［J］．软科学，2019 (8).

[24] 林勇，叶青，龙飞．我国土地城镇化对经济效率的影响［J］．城市问题，2014 (5).

[25] 蔺雪芹，王岱，任旺兵，等. 中国城镇化对经济发展的作用机制 [J]. 地理研究，2013 (4).

[26] 刘生龙，胡鞍钢. 交通基础设施与经济增长：中国区域差距的视角 [J]. 中国工业经济，2010 (4).

[27] 卢峰，姚洋. 金融压抑下的法治、金融发展和经济增长 [J]. 中国社会科学，2004 (1).

[28] 陆铭，陈钊. 分割市场的经济增长——为什么经济开放可能加剧地方保护? [J]. 经济研究，2009 (3).

[29] 马克思恩格斯文集 (第1卷) [M]. 北京：人民出版社，2009.

[30] 马克思恩格斯选集 (第3卷) [M]. 北京：人民出版社，1995.

[31] 马晓琪. 山东省制造业绿色全要素生产率的测量及其影响因素分析——基于 DEA - Malmqiust 指数方法模型的实证分析 [J]. 时代经贸，2019 (26).

[32] [美] 霍利斯·钱纳里，莫依斯·赛尔昆. 发展的型式：1950~1970 [M]，李新华. 徐公理，迟建平，译，北京：经济科学出版社 1988 版。

[33] 倪鹏飞. 新型城镇化的基本模式、具体路径与推进对策 [J]. 江海学刊，2013 (1).

[34] 牛洋，许学军. 全要素生产率的计算方法与变量选择的改良——基于 DEA 的 Malmquist 指数法 [J]. 中国物价，2019 (9).

[35] 彭冲，陈乐一，韩峰. 新型城镇化与土地集约利用的时空演变及关系 [J]. 地理研究，2014 (11).

[36] H. 钱纳里. 工业化和经济增长的比较研究 [M]. 上海：上海三联书店，1989.

[37] 任阳军，汪传旭. 中国城镇化对区域绿色经济效率影响的实证研究 [J]. 技术经济，2017 (12).

[38] 沈坤荣，蒋锐. 中国城市化对经济增长影响机制的实证研究 [J]. 统计研究，2007 (6).

[39] 施建刚，王哲．中国城市化与经济增长关系实证分析 [J]．城市问题，2011 (9)．

[40] 苏红键，魏后凯．改革开放40年中国城镇化历程、启示与展望 [J]．改革，2018 (11)．

[41] 苏剑，贺明之．对中国城镇化进程的一个定量解读 [J]．经济学动态，2013 (9)．

[42] 谭善勇．中国城市化的经济增长效应研究 [D]．北京：首都经济贸易大学，2013．

[43] 陶长琪，陈伟，郭毅．新中国成立70年中国工业化进程与经济发展 [J]．数量经济技术经济研究，2019 (6)．

[44] 汪厚庭．中国农村改革：从城乡二元到城乡融合 [J]．现代经济探讨，2018 (11)．

[45] 王兵，黄人杰．中国区域绿色发展效率与绿色全要素生产率：2000~2010——基于参数共同边界的实证研究 [J]．产经评论，2014 (1)．

[46] 王国刚．城镇化：中国经济发展方式转变的重心所在 [J]．经济研究，2010 (12)．

[47] 王欢芳，陈惠，宾厚，等．战略性新兴产业全要素生产率的提升路径探析——以湖南省为例 [J]．再生资源与循环经济，2019 (8)．

[48] 王金营．经济发展中人口城市化与经济增长相关分析比较研究 [J]．中国人口·资源与环境，2003 (5)．

[49] 王颂吉，黎思灏．改革开放以来中国城镇化的规模扩张到质量提升 [J]．江西社会科学，2018 (8)．

[50] 文春艳．R&D资本化背景下制造业分行业全要素生产率再分析 [J]．当代经济科学，2019 (6)．

[51] 吴良镛．建筑学的未来 [M]．北京：清华大学出版社，1999．

[52] 向晓梅，张拴虎，胡晓珍．海洋经济供给侧结构性改革的

动力机制及实现路径——基于海洋经济全要素生产率指数的研究[J]. 广东社会科学，2019 (5).

[53] 肖攀，苏静. 城镇化对生态环境质量影响的实证研究——以环洞庭湖区为例 [J]. 财经理论与实践，2019 (1).

[54] 熊俊. 对中国城市化水平国际比较中若干问题的探讨——兼论中国城市化水平的滞后性 [J]. 中国人口科学，2009 (26).

[55] 许素琼. 新型城镇化对农业绿色全要素生产率的低门槛效用实证分析 [J]. 江苏农业科学，2019 (17).

[56] 许政，陈钊，陆铭. 中国城市体系的"中心—外围模式"[J]. 世界经济，2010 (7).

[57] 杨仁发，李娜娜. 产业集聚对长江经济带高质量发展的影响 [J]. 区域经济评论，2019 (2).

[58] 杨小凯. 新政治经济学与交易费用经济学 [J]. 制度经济学研究，2004 (4).

[59] 杨振宁. 城乡统筹发展与城镇化关系的实证研究——基于安徽的数据 [J]. 农业经济问题，2008 (5).

[60] 姚士谋，陆大道，陈振光，等. 顺应我国国情条件的城镇化问题的严峻思考 [J]. 经济地理，2012 (5).

[61] 姚士谋，张平宇，等. 中国新型城镇化理论与实践问题[J]. 地理科学，2014 (6).

[62] 叶志强，陈习定，张顺明. 金融发展能减少城乡收入差距吗？——来自中国的证据 [J]. 金融研究，2011 (2).

[63] 尹朝静. 城镇化、工业化对农业全要素生产率增长的影响研究——来自重庆 37 个县（区）面板数据的证据 [J]. 重庆大学学报（社会科学版），2019 (6).

[64] 袁凯华，高翔. 政府效率竞争与企业全要素生产率——基于《中国工业企业数据库》1998 ~ 2007 年数据的分析 [J]. 商业研究，2019 (9).

[65] 袁晓玲，贺斌，卢晓璐，等．中国新型城镇化质量评估及空间异质性分析［J］．城市发展研究，2017（6）．

[66] 曾福生，卓乐．实施乡村振兴战略的路径选择［J］．农业现代化研究，2018（5）．

[67] 张合林．以土地市场制度创新推动城乡融合发展［J］．中州学刊，2019（3）．

[68] 张建伟．全要素生产率提升有助于抑制企业金融化吗？——来自中国A股上市企业的经验证据［J］．南方金融，2019（2）．

[69] 张学良．中国交通基础设施促进了区域经济增长吗——兼论交通基础设施的空间溢出效应［J］．中国社会科学，2012（3）．

[70] 张颖，赵民．论城市化与经济发展的相关性——对钱纳里研究成果的辨析与延伸［J］．城市规划汇刊，2003（4）．

[71] 赵泉午，廖勇海．我国交通基础设施与物流规模的实证研究——基于中国1998～2010年省域空间面板数据［J］．华东经济管理，2012（3）．

[72] 赵勇，雷达．金融发展与经济增长：生产率促进抑或资本形成［J］．世界经济，2010（2）．

[73] 郑国姣，常冉．中国装备制造业服务化与绿色全要素生产率研究——基于新型国际分工下的GVC视角［J］．技术经济与管理研究，2019（10）．

[74] 郑鑫．城镇化对中国经济增长的贡献及其实现途径［J］．中国农村经济，2014（6）．

[75] 周加来，周慧．新时代中国城镇化发展的七大转变［J］．重庆大学学报（社会科学版），2018（6）．

[76] 周加来，周慧，周泽林．新中国70年城镇化发展：回顾·反思·展望［J］．财贸研究，2019（12）．

[77] 周江燕，白永秀．中国省域城乡发展一体化水平：理论与

测度 [J]. 中国农村经济，2014 (6).

[78] 周立，王子明．中国各地区金融发展与经济增长实证分析：1978～2000 [J]. 金融研究，2002 (10).

[79] 周亮，车磊，孙东琪．中国城镇化与经济增长的耦合协调发展及影响因素 [J]. 经济地理，2019 (6).

[80] 周一星．我国城镇化发展速度的思考 [J]. 城市规划，2006 (1).

[81] 朱金鹤，张瑶．中国新型城镇化质量与绿色经济效率协调发展分析 [J]. 江苏农业科学，2019 (8).

[82] 朱孔来，李静静，乐菲菲．中国城镇化进程与经济增长关系的实证研究 [J]. 统计研究，2011 (9).

[83] Bertinelli L, Black D. Urbanization and growth. Journal of Urban Economics, 2004: 80 -96.

[84] Combes, P., " Economic Structure and Local Growth: France, 1984 -1993," Journal of Urban Economics, 2000, 47 (3).

[85] Elhorst J. 2014: "Matlab Software for Spatial Panels", International Regional Science Review, 37: 389 -405.

[86] GREENWOOD, JOVANOVIC B. Finance development growth and the distribution of income. Journal of Development Economies, 1998: 57 -70.

[87] Henderson, J. V. How urban concentration affects economic growth, World Bank Policy Research Working Paper, 2000: 2326.

[88] Losch, A. The Economics of Location [M]. Yale University Press, New Haven, 1954.

[89] Luc Anselin, Spatial Econometrics: Methods and Models, Published by Kluwer Academic Publishers. 1988: 223 -239.

[90] Lucas R. On the Mechanics of Economic Development. Journal of Monetary Economics, 1988, 22 (1): 3 -42.

[91] NORTHAM R M. Urban Geography [M]. New York: J. Wiley Sons, 1975: 65 -67.

[92] Ooi G L. Challenges of sustainability for Asian urbanisation. Current Opinion in Environmental Sustainability, 2009: 187 -191.

[93] Rude land Richards. Urbanization, Roads, and Rural Population Change in the Ecuadorian Andes. Studies in Comparative International Development, 1990 (3): 73 -89.

[94] Singh A, Kaufman H F. Town and country locality: Comparative trends and problems [J]. Studies in Comparative International Development, 1970, 6 (10): 215 -227.

[95] Tobler W. R. A computer movie simulating urban growth in the detroit region [J]. Economic Geography, 1970, 46 (2): 234 -240.

[96] Weber. Translated by Carl J. Fried rich. Theory of the Location of Industries [M]. The University of Chicago Press, Chicago, 1929.